Wissenschaftliche Beiträge
aus dem Tectum Verlag
Reihe Geschichtswissenschaft

WISSENSCHAFTLICHE BEITRÄGE AUS DEM TECTUM VERLAG

Reihe Geschichtswissenschaft

Band 5

Stefanie Krautz

Lesbisches Engagement in Ost-Berlin 1978-1989

Tectum Verlag

Stefanie Krautz

Lesbisches Engagement in Ost-Berlin 1978-1989

Wissenschaftliche Beiträge aus dem Tectum Verlag:
Reihe: Geschichtswissenschaft; Bd. 5

ISBN: 978-3-8288-9825-7

ISSN: 1861-7468

Umschlagabbildung: © www.istock.com : bubaone

Besuchen Sie uns im Internet
www.tectum-verlag.de

Bibliografische Informationen der Deutschen Bibliothek
Die Deutsche Bibliothek verzeichnet diese Publikation in der Deutschen Nationalbibliografie; detaillierte bibliografische Angaben sind im Internet über http://dnb.ddb.de abrufbar.

Gedruckt mit Unterstützung des Karl-Heinrich-Ulrichs-Fonds
der Hannchen-Mehrzweck-Stiftung (hms).

Inhalt

I Einleitendes

I.1 Zum Thema

Gegenstand der vorliegenden Arbeit ist das Engagement homosexueller Frauen in Ost-Berlin von 1978 bis 1989. Der Beginn des Beobachtungszeitraumes ist motiviert durch die erste Begebenheit, bei der homosexuelle Frauen in der DDR halböffentlich agierten. Dabei ging es um ein geplantes Lesbenfest mit Frauen aus der gesamten DDR im Gründerzeitmuseum in Berlin/Mahlsdorf, das von der Polizei unterbunden wurde und als Anfangspunkt lesbischen Engagements gelten kann. Unter Engagement verstehe ich dabei das Wirken einer Gruppe für ein Ziel aus idealistischen Beweggründen. Im Falle homosexueller Emanzipationsgruppen sei dieses Ziel die gesellschaftliche Anerkennung und Erweiterung der Möglichkeiten gleichgeschlechtlicher Lebensweise.

Ihren Abschluss findet die Untersuchung in der Zeit des politischen Umbruchs im Jahr 1989. Endpunkt ist die Begründung des „Unabhängigen Frauenverbandes (UFV)" im Dezember 1989.

Der dazwischen liegende Zeitraum war geprägt von dem gesellschaftlichen Aufbruch von Bürgerrechtsgruppen, auch im Themenbereich homosexueller Emanzipation. Das Wirken von Zusammenschlüssen in diesem Bereich war in vielen Fällen unter dem Dach der Evangelischen Kirche, bei Jugend- und Werktätigenklubs und beim Verband der Freidenker der DDR angesiedelt.

Das homosexuelle Engagement in der DDR hatte verschiedene Zentren. Diese lagen zum einen in Berlin, zum anderen im Süden der DDR, in Leipzig, Dresden, Weimar und Jena. Die breiteste Fächerung von Gruppierungen fand sich in der Hauptstadt, daher wählte ich als zu untersuchende Region Ost-Berlin. Hier konstituierten sich sehr früh homosexuelle Zusammenschlüsse, und hier entstand der erste lesbische Arbeitskreis der DDR. Im Rest der Republik ging der homosexuelle Aufbruch aus von Zirkeln bei Gemeinden der Evangelischen Kirche. In Berlin hingegen trat die außerhalb jeglicher gesellschaftlicher Institution agierende „Homosexuelle Interessengemeinschaft Berlin" (HIB) bereits Mitte der siebziger Jahre in Erscheinung. Die „außerkirchlichen" Klubs und Arbeitsgemeinschaften Homosexualität im Rest der DDR hingegen wurden in Abgrenzung zu Formationen bei evangelischen Gemeinden initiiert – und fanden durch die staatliche Abwehrhaltung den Kirchen gegenüber die Möglichkeit, sich zu etablieren.

Die Untersuchung weiblichen homosexuellen Engagements war für mich von besonderem Interesse. Hier spielt zum einen der Aspekt der von der gesellschaftlichen Norm abweichenden Homosexuellen eine Rolle, die sich unter den Bedingungen der DDR-Gesellschaft zu Selbsthilfe- und Interessengruppen zusammenschlossen. Zum anderen aber stellt sich in diesem Zusammenhang auch die Frage nach den Möglichkeiten eines selbstbestimmten Lebens für Frauen. Welche Leitbilder prägten ihren Alltag, welche politischen Bedingungen gestalteten ihr Leben? Für die DDR wurde der Begriff der „Muttipolitik" als Frauenpolitik[1] geprägt, das Bild der Frau scheint das der berufstätigen Mutter zu sein. Wie gestaltete sich unter diesen Bedingungen die Identitätsbildung homosexueller Frauen? Konnte die Option eines Lebens ohne Mann und Kinder harmonieren mit herrschenden Vorstellungen von weiblichem Leben?

Es drängt sich die Vermutung auf, dass sich hier Widersprüche aus nonkonformer weiblicher Lebensweise und dem gesellschaftlichen „Frauenleitbild" ergaben. Da diese Norm entscheidend war und ist für Selbstsicht und Lebensgestaltung, ist zu bedenken, wie viel Raum diese Normen Frauen ließen für eine eigene Entwicklung. Daher stelle ich als These auf, dass sich lesbische Emanzipationsgruppen auch mit den gesellschaftlich vorherrschenden Weiblichkeitsidealen und Wirklichkeitskonstruktionen auseinandergesetzt haben.

Um eine Antwort auf diese Fragestellung zu erhalten, muss zunächst das Bild der Frau in der DDR-Gesellschaft untersucht werden. In einem weiteren Abschnitt der Arbeit werden die Themen und Aktionen lesbischer Emanzipationsgruppen in der DDR untersucht. Dabei stehen drei homosexuelle Zusammenschlüsse im Mittelpunkt, in denen sich dieses Engagement abspielte.

Zur Untersuchung des „Frauenleitbildes" in der DDR-Gesellschaft der achtziger Jahre möchte ich nach der Methode der Historikerin Joan W. Scott vorgehen. Die Vorgehensweise soll aus dem Aufsatz „Gender – eine nützliche Kategorie der historischen Analyse"[2] übernommen werden. Obgleich dieser Essay aus dem Jahre 1986 stammt, ist er noch immer aktuell[3]. Scott hatte als eine der ersten Historikerinnen das Konzept einer „sexually based reality" entwickelt. Sie führte den Nachweis, dass bestimmte gesellschaftliche Strukturen auf die Imagination der Geschlechterbilder zurückgehen und nicht mit anderen Parametern, etwa sozioökonomischer oder biologischer Art, erklärt werden können[4].

---

1 Lüdtke 1998, Ferree 1994
2 Scott 1994
3 so Honegger 2001, Griesebner 2005
4 Nagl-Docekal 1993

Das „Frauenleitbild“ soll untersucht werden unter Maßgabe der von Scott vorgeschlagenen Elemente. Zum ersten sind dies die Symbole, derer sich bedient wird, um die normative Vorstellung weiblicher Lebensrealität mit Inhalten zu füllen. Zum zweiten sollen die normativen Konzepte „der Frau“ in der Gesellschaft anhand der veröffentlichten Meinung untersucht werden. Der nächste Punkt ist die Frage nach dem Frauenbild in Politik, wissenschaftlichen Institutionen und der Frauenorganisation. In allen drei Punkten wird es nicht nur um das Frauenbild selbst gehen, sondern auch um den Raum, den es lässt für die Variante der lesbischen Lebensweise. Am Schluss des ersten Teils der Arbeit soll in Kürze die weibliche Lebensrealität am Beispiel homosexueller Frauen und die Möglichkeiten des Ausagierens ihrer Identität im Mittelpunkt stehen. Diese vier Aspekte ergeben so das normative Konstrukt und Abbild weiblichen Lebens in der DDR in den achtziger Jahren.

Außer acht gelassen wird die Sicht auf die Konnotation von Geschlecht in sozialen Schichten, Altersgruppen etc., da dies hier den Rahmen sprengen würde. Dies halte ich insbesondere aufgrund der *relativ* konformen DDR-Gesellschaft[5] für vertretbar.

Im zweiten Teil der Arbeit wird lesbisches Engagement in verschiedenen Gruppierungen in Ost-Berlin im Mittelpunkt stehen, im Rahmen von rein weiblichen und gemischtgeschlechtlichen Kreisen.

Die drei ausgewählten Kreise sind in verschiedenen „Sphären“ angesiedelt, wiewohl sie sich aus eigener Initiative bildeten und erst späterhin nach der Anbindung an eine Institution strebten. Untersucht werden sollen Gruppierungen, in denen sich lesbisches Engagement gestaltete in Ost-Berlin, und die die Bandbreite homosexueller Kreise in der DDR gut repräsentieren: die „Homosexuelle Selbsthilfe - Lesben in der Kirche“ bei der Gethsemane-Gemeinde, der „Sonntags-Club Berlin“ als Zusammenschluss Homosexueller mit der längsten Traditionslinie in der DDR, der schlussendlich ab 1986 offizielle Duldung erhielt, und die 1989 gebildete Arbeitsgemeinschaft „Courage“, angeschlossen an den Verband der Freidenker mit Unterstützung durch die FDJ. Dies sind nicht alle Ost-Berliner Homosexuellenkreise dieser Zeit. Zirkel, die lediglich im privaten Rahmen oder in Anlehnung an Arbeitskreise im universitären Rahmen operierten, finden ebenso wenig Berücksichtigung wie etwa der Magnus-Hirschfeld-Arbeitskreis im Klub der Kulturschaffenden. Weitere Gesprächskreise bei Evangelischen Gemeinden werden ebenfalls nicht mit einbezogen. Das Selbstverständnis und die Handlungsweisen der Gruppierungen sollen untersucht werden.

---

5 Lüdtke 1998

Es soll die Frage gestellt werden, wie sich lesbische Frauen in homosexuellen Emanzipationsgruppen neben ihrer Funktion als Selbsthilfegruppe mit der Lage der Frau in der DDR und den Möglichkeiten einer selbstbestimmten, gleichgeschlechtlich orientierten Lebensweise auseinander setzten. Dabei möchte ich die These aufstellen, dass sich der Arbeitskreis „Homosexuelle Selbsthilfe - Lesben in der Kirche" im Vergleich der Gruppen nicht nur mit Fragen homosexueller Emanzipation beschäftigte. Als zweiten großen Schwerpunkt nehme ich die Untersuchung der Lage der Frau und die Handlungsspielräume von Lesben in der DDR-Gesellschaft an. Ich gehe davon aus, dass sich in „Sonntags-Club" und „Courage", bedingt durch die Tatsache, dass in ihnen beide Geschlechter wirkten, kein so starker Fokus auf die „Frauenfrage" entfallen wird wie bei den „Lesben in der Kirche". Meine zweite These ist, dass, bedingt durch den Faktor Nähe zu staatlichen Institutionen bei den beiden Gruppierungen außerhalb evangelischer Gemeindekreise, eine gesellschaftskritische Analyse der Geschlechterverhältnisse bei „Courage" und „Sonntags-Club" nicht erfolgte.

Als Homosexuelle meine ich im folgenden Menschen, deren sexuelle Präferenz sich primär auf Menschen des gleichen Geschlechts richtet. Für weibliche Homosexuelle werde ich die in unserem Kulturkreis übliche Bezeichnung „Lesben" verwenden[6]. Wenn im folgenden von Homosexuellen die Rede ist, wird auf Angehörige beider Geschlechter referiert.

Unter Emanzipation verstehe ich Handlungen, in denen sich Personen zugleich von äußeren wie von verinnerlichten Beschränkungen und Abhängigkeiten selbst befreiten und beanspruchten, über sich selbst zu bestimmen[7]. Emanzipatorischen Bestrebungen sind kritische Auseinandersetzungen mit gesellschaftlichen Normen, die auf die eigene Lebensweise restriktiv reagieren, immanent[8]. Um eine Veränderung dieser Verhältnisse zu erreichen, ist auch die Wahrnehmung von Rollenfixierungen notwendig. Erst das Bewusstmachen bestehender Beschränkungen über die für einen selbst geltenden gesellschaftlichen Rahmenbedingungen ermöglichen die Erschließung neuer Handlungsperspektiven[9]. Die Emanzipation lesbischer Frauen ist nur bedingt durch die Spezifik weiblicher Homosexualität zu betrachten. Da sich Lesben in ihrer Lebensart durch ihre Partnerschaften von dem

---

6 Abgeleitet von der griechischen Insel Lesbos (Λέσβος) im ostägäischen Meer, wo die antike griechische Dichterin Sappho lebte und die Liebe zwischen Frauen besang.

7 nach: Fachlexikon der sozialen Arbeit

8 so etwa Baus 1988

9 Baus 1988

Verhalten der Mehrheit unterscheiden, unterliegen sie einem stärkeren Druck zur Emanzipation mit einer Lebensweise, die der der Mehrheitsgesellschaft entspricht.

Mit dem Begriff Selbsthilfegruppen möchte ich Gruppierungen bezeichnen, die ihre Probleme im Rahmen eigener Möglichkeiten aktiv in die Hand nehmen. Selbsthilfegruppen sind Gemeinschaften von Menschen, die in vergleichbarer Weise von einem Problem betroffen sind und sich austauschen und stärken wollen. Bei lesbischen Kreisen ist auszugehen von der Gemeinsamkeit der homosexuellen Orientierung. Hilfe zur Selbsthilfe wurde unter den Bedingungen der DDR durch den Mangel an Literatur, Treffpunkte, Filme oder kompetente Beratungsstellen für Lesben besonders notwendig[10]. Neben der reinen Selbsthilfe wird Öffentlichkeit geschaffen für die eigenen Themen.

I.2 Forschungsstand und Quellenlage

Lesbische Frauen in der DDR standen bis dato nicht im besonderen Interesse der Forschung. Häufig werden Bürgerrechtsgruppen der achtziger Jahre thematisiert, ebenso wie die „nichtstaatliche Frauenbewegung“[11], hin und wieder auch homosexuelle Geschichte dieses Zeitraumes. Lesbische Gruppierungen finden in diesen Zusammenhängen auch Erwähnung. So kommt es zu dem Eindruck, dass sich lesbisches Engagement nur schwer einordnen lässt zwischen all diesen „Hauptthemen“. Als wichtigste Publikation zu lesbischen Frauen ist Ursula Sillges „Unsichtbare Frauen“ von 1991 zu nennen. Die Thematik lesbischer Gruppen in der DDR hat auch in Samira Kenawis „Frauengruppen in der DDR der 80er Jahre“ Aufnahme gefunden. Problematisch ist in den meisten Fällen, dass hier Akteurinnen des Engagements über Zusammenhänge schreiben, an denen sie selbst beteiligt waren. Das trifft auch auf die Zahl der Beiträge von Gunna Bohne, Christina Schenk und Marinka Körzendörfer zu - ohne dass diesen Arbeiten per se Objektivität abgesprochen werden soll. Ediert und zusammengefasst wurden sie i.d.R. *nach* 1989, sie beinhalten somit auch zu einem guten Teil einen Aspekt der Selbstdarstellung, -erklärung und -rechtfertigung.

Überblicksartige Darstellungen finden sich etwa in Waberskis Buch zu lesbischer Literatur in der DDR[12]. An biographischen Arbeiten zu lesbischen Frauen ist auch einiges erschienen - etwa die historische Doku-

10 Stimmer 1994

11 Kenawi 1994

12 Waberski 1997

mentation von Lebensgeschichten lesbischer Frauen in der DDR von Karstädt und Zitzewitz[13] oder Kerstin Gutsches „Lesbenprotokolle“[14]. Einen guten Überblick über die homosexuelle Geschichte in der DDR gibt Gudrun Kowalski[15], jedoch weder mit dem Schwerpunkt auf den achtziger Jahren noch auf lesbische Frauen. Die Erhebung der Homosexuellen Initiative Wien von 1984 zur Lage von Lesben und Schwulen in Osteuropa ist nicht uninteressant, jedoch aufgrund des Erscheinungsjahres, des kleinen Teils, den die Lesben in der DDR darin einnehmen, wenig hilfreich[16]. Verschiedene unveröffentlichte Seminararbeiten beschäftigen sich mit dem Thema, so das Interviewprojekt von Andrea Bettels e.a.[17] So entstand außerdem das Filmprojekt „Warum wir so gefährlich waren“ zu dem Teilaspekt des Gedenkens der „Lesben in der Kirche“ im ehemaligen Konzentrationslager Ravensbrück.

Als Quellen wurden Fachliteratur und Illustrierte der DDR in den achtziger Jahren benutzt, wissenschaftliche „graue“ Publikationen wie die Informationen des wissenschaftlichen Rates „Die Frau in der sozialistischen Gesellschaft“ und das Mitteilungsblatt der Forschungsgemeinschaft „Geschichte des Kampfes der Arbeiterklasse zur Befreiung der Frau“. Des weiteren habe ich Programme der Arbeitskreise und Klubs Homosexualität verwendet, Akten des Ministeriums für Staatssicherheit sowie Briefwechsel und Schriften privaterer Art. Sehr hilfreich zeigte sich Samira Kenawis Quellensammlung „Zeigen wir uns, damit man uns nicht verleugnen kann“ mit Dokumenten der „Lesben in der Kirche“. Im weiteren gaben auch Äußerungen politischer Entscheidungsträger der DDR und Gesetzbücher Aufschluss über das Thema. Darüber hinaus wurden auch Gedächtnisprotokolle verwendet. Sie wurden häufig genutzt zur Aufzeichnung und Überlieferung von Geschehnissen, etwa um Gespräche oder Erlebnisse mit offiziellen Stellen festzuhalten. In der Regel erfolgte diese Aufzeichnung sehr zeitnah an den Ereignissen. Eine kritische Untersuchung ist für diese Art der Quellen schwierig, es gibt in den meisten Fällen keine Möglichkeit zu Verifizierung noch Falsifizierung. Darüber hinaus kann von der Subjektivität der Aufzeichnenden ausgegangen werden. Nützlich sind sie dennoch, wenn keine anderen Materialien vorliegen. In einem der Fälle (die Vorgänge um die Kranzniederlegung in Ravensbrück 1985) wird der Inhalt des Gedächtnisprotokolls der anwesenden Frauen allerdings durch eine Akte des MfS ergänzt.

---

13 Karstädt/Zitzewitz 1996

14 Gutsche 1991

15 Kowalski 1987

16 HOSI 1984

17 Bettels 2003

II „Das Frauenbild der DDR" in den achtziger Jahren

Das „Frauenbild" einer Gesellschaft kommt an verschiedenen Stellen zum Ausdruck. Hier soll nicht gefragt werden nach der Konstruktion dieser Norm, vielmehr nach ihrem Inhalt.

Das Frauenbild der DDR, wie es sich in den achtziger Jahren zeigte, soll anhand von vier Teilaspekten untersucht werden. Der erste Aspekt sind Symbole, die für die Frauen selbst und die Gesellschaft eine Würdigung der Frau beinhalteten. Welche Art von Frau wurde hier geehrt, welche Norm durch diese Ehrung kreiert bzw. verfestigt? Als zweites soll die Frage nach normativen Konzepten für weibliche Lebensweise in der Öffentlichkeit betrachtet werden. Das „Frauenleitbild", dass sich in der Auffassung von Politik, sozialen Institutionen und Organisationen wiederspiegelt, ist der nächste Aspekt der Untersuchung. Die weibliche Lebensrealität und die Möglichkeiten der Verwirklichung subjektiver Identität, sind der letzte Punkt der Betrachtung. In den ersten drei Untersuchungselementen soll das Vorkommen der lesbischen Frau hinterfragt werden, im vierten soll sie im Mittelpunkt stehen.

Die Begriffe „Leitbild", „Frauenleitbild" sind in der offiziellen DDR-Sprache gebräuchlich gewesen, was nicht überrascht angesichts der allgegenwärtigen staatlichen Lenkung. So heißt es etwa bei Helga Hörz dass „In der sozialistischen Gesellschaft über Ideal und *Leitbild* wesentlich auf Partnerbeziehungen orientiert wird" [18].

II.1 Symbole des „kollektiven Frauenbildes"

Das Frauenbild einer Gesellschaft wird durch Symbole geprägt[19], die über einen längeren Zeitraum wirksam sind und eine gesamtgesellschaftliche Verbindlichkeit besitzen. Von Interesse ist, welche *Inhalte* diese Symbole füllten.

Verschiedene Bereiche standen zur Wahl. So ist die Betrachtung von Kunstwerken aufschlussreich. Dazu angeboten hätten sich Denkmale im öffentlichen Raum, etwa Frauenplastiken vor Nationalen Mahn- und Gedenkstätten, die auch der Pflege des antifaschistischen Mythos der DDR dienten. Die Gestaltung von Skulpturen um das ehemalige Frauenkonzentrationslager Ravensbrück etwa ist aufschlussreich. Eh-

18 Hörz 1987
19 Scott 1988

renmale vor anderen Konzentrationslagern beschwören v.a. den Topos des politischen Widerstandskampfes – anders in Ravensbrück. Die Künstler hoben in ihren Statuen vor allem Mütterlichkeit, Klage und Caritas hervor, etwa Willi Lammerts „Tragende" und Fritz Cremers „Müttergruppe" - beide entziehen sich der Lesart des Antifaschismus. Selbst die weibliche Figur, die in Cremers Plastik als vorwärtsgewandte Kämpferin, als Gründungsfigur der DDR betrachtet wurde, hält mit der linken Hand die Totenbahre eines Kindes, während sie mit dem rechten Arm ein zweites Kind schützt. Die Frau wird zuerst als Mutter gezeigt. Die Symbolik dieser Plastiken ist aufschlussreich und in Zusammenhang mit dem Gründungsmythos der DDR, dem Antifaschismus, für die Norm weiblicher Lebensweise nicht zu unterschätzen[20]. Ein anderes Beispiel, etwa die Verehrung der antifaschistischen Widerstandskämpferin Lilo Herrmann als „deutsche Frau und Mutter", bestätigt dies[21].

Zu eingehender Untersuchung habe ich den 8. März ausgewählt, der als der Internationale Frauentag in der DDR gefeiert wurde. Im Folgenden sollen die Inhalte im Mittelpunkt stehen, mit denen dieses Symbol gefüllt wurde.

Der 8. März als Frauentag war in den achtziger Jahren weithin akzeptiert. Offiziell wurde er als Tradition gehandelt und als Erbe der Arbeiterbewegung legitimiert[22]. Den Frauen wurde an diesem Tag allerorten Aufmerksamkeit entgegengebracht[23]. In Betrieben fanden Feiern statt, bei denen ausnahmsweise nur die Männer bedienten, auch bekamen Kolleginnen Blumen. Ähnlich in den Familien: Frauen bekamen Geschenke, die Männer „halfen" bei der Hausarbeit[24]. Angereichert wurde das Ereignis mit Kulturellem, etwa der Übergabe von Friedensplastiken an Kindergärten[25]. In Tageszeitungen wurde der Anlass zu Berichten über Arbeiterveteraninnen oder Protagonistinnen der Frauenbewegung vergangener Zeiten genutzt[26]. Häufig stand Clara Zetkin im Mittelpunkt[27]. Ihr Friedensengagement und das der deutschen Frauenbewegung[28] wurden als Anknüpfungspunkt genutzt für die Gegen-

---

20 Eschebach 1999

21 Clemens 1993

22 Kirchner 1980

23 Kirchner 1980

24 Männel 1995

25 Scholze 2001

26 Berliner Zeitung, 1.3.1980

27 Berliner Zeitung, 9.3.1980, „Historisches zum 8. März. Kein Rückzug der Frauen"

28 Damit ist in der Regel die Frauenbewegung bis 1945 gemeint.

wart.[29] Das Friedensanliegen als Anliegen des 8. März wurde verbunden mit der Vorstellung vom Internationalen Frauentag als Kampftag für den Frieden seit seinem Entstehen[30]. Passend dazu wurden Kundgebungen organisiert[31] mit Losungen wie „Nun erst recht Kampf um den Frieden!"[32] oder: „Weil wir als Mütter Leben geben, wollen wir den Frieden!"[33]. Auch im „Ringen gegen den Imperialismus" wurde für den Frauentag eine besondere Rolle festgestellt[34].

Frauentage waren auch Anlass, Beschlüsse und Maßnahmen „im Interesse der Frauen" zu verkünden. Diese dienten in erster Linie der Vereinbarkeit von Mutterschaft und Berufstätigkeit[35]. Die Leistungen der Frau als Werktätige, Mutter und Ehefrau wurden am 8.März gewürdigt[36]. In Grußadressen zum Frauentag spricht das Zentralkomitee der SED den Müttern des Landes besonderen Dank aus, „die beruflich und gesellschaftlich engagiert, [...] ihre Kinder zu gebildeten und bewußten Bürgern unseres sozialistischen Vaterlandes erziehen".[37]

Zum Internationalen Kampf- und Feiertag wird den Frauen und Mädchen Dank und Anerkennung ausgesprochen für ihren Anteil an der Entwicklung der DDR als leistungsfähigem, international geachtetem Staat mit starker Wirtschaftsmacht. Auch der Aufbau der sozialistischen Gesellschaft, die Leistungskraft des „sozialistischen Vaterlandes"[38] wurden als zusammenhängend mit der hohen Prozentzahl von Frauen im Berufsleben gewürdigt[39]. Die Leistungen der Frauen werden als Ausdruck der Verbundenheit mit dem sozialistischen Vaterland gedeutet. Die Loyalität der Frauen mit der DDR wurde beschworen[40], da der Sozialismus die Frauen befreit hat, wodurch sich gesellschaftliche Stellung und Leben der Frauen grundlegend verändert habe. Auf dieser Grundlage sei es Frauen und Mädchen möglich gewesen, ihrer

---

29 So dreht sich das Gespräch mit der IDFF-Generalsekretärin Vire-Tuominen anlässlich des Frauentages im Neuen Deutschland am 5.3.1980 zum Großteil um den Kampf der Frauen um Frieden und Abrüstung. (ND 5.3.80)

30 ND 8.3.89

31 1985 sollen es 6.675 gewesen sein, 1984 weit über tausend; nach Scholze 2001

32 Scholze 2001

33 a.a.O., S. 153

34 Kirchner 1980, S. 7

35 Scholze 2001

36 Kirchner 1980

37 ND 8.3.89

38 ND 8.3.79

39 Kirchner 1980, S.76

40 ND 8.3.89

Verantwortung als Werktätige, Mutter und Staatsbürgerin gerecht zu werden[41].

Es lässt sich konstatieren, dass die Verlautbarungen zum Internationalen Frauentag verschiedene Aspekte zeigten. Zum einen spiegelten sie allgemeine Interessen des Staates wieder, der mit Friedensrhetorik und dem Lob des „sozialistischen Vaterlandes" den Frauentag vereinnahmte. Auch die Leistungen des Staates für die Frauen wurden gepriesen. Zum anderen wurden am 8. März Frauen und Mädchen gewürdigt für ihre Leistungen in Beruf und Gesellschaft und ihre Loyalität zum Staat. Die Hervorhebung der Bedeutung der Mutterschaft wurde verbunden mit der Verantwortung der Erziehung sozialistischer Staatsbürger.

II.2 Die Frauenzeitschrift der DDR und ihr Bild der Frau

Zur Untersuchung des Konzeptes weiblicher Lebensweise in der DDR soll die Darstellung der Frau in DDR-Medien betrachtet werden. Aus Gründen der Zweckmäßigkeit entschied ich mich für die Printmedien. Dabei soll die (einzige) Frauenzeitschrift der DDR, die „Für Dich" im Mittelpunkt stehen. Für die Auswertung der Darstellung *lesbischer* Frauen wurden weitere Zeitschriften hinzugezogen, da die Materialmenge in der „Für Dich" bei weitem nicht ausreichend schien. Die Wahl fiel neben der „Für Dich" auf die Zeitschriften „neues leben", das „Magazin" und die „Deine Gesundheit", die mit ihren Veröffentlichungen die Diskussion zum Thema Homosexualität prägten.

Die „Für Dich" berichtete über Verschiedenes. Neben kleinen Artikeln über Außenpolitisches dominierten Reportagen über Betriebe, gesellschaftliche Organisationen und idyllische Kleinstädte. Auch Portraits von Funktionärinnen, Heldinnen der Arbeit oder Kollektiven im sozialistischen Wettbewerb waren Gegenstand[42]. Die Frauen, die in beruflichen Kontexten vorgestellt wurden, entsprechen häufig Klischees[43]. So wird die Eröffnung eines neuen Werks kommentiert: „da arbeiten auch unsere fröhlichen Frauen"[44].

Die „Für Dich" enthielt einen großen Ratgeberteil, mit Tipps etwa zur Beantragung von Kindergeld, Themen des Haushalts und der Kinderpflege. Kochrezepte, Informationen über Haushaltsgeräte, Nähvorschläge und Familiäres waren ebenso von Interesse wie Hinweise zur

41 ND 8.3.79
42 Merkel 1994
43 Merkel 1994
44 Bertrand 1989

Wohnungseinrichtung. Daneben wurden Vorschläge zur Erhaltung der Schönheit geboten, Kosmetik- und Gymnastiktipps gegeben. Auch präsentierte „Vorbildfrauen" werden an solchen Maßstäben gemessen[45]: etwa wird die Schönheit einer vorgestellten Professorin gepriesen, erwähnt, dass sie bei promovierenden Frauen an der Planung von Schwangerschaften beteiligt ist - offensichtlich sind Nachwuchsfrage und weibliche Realität eine unlösbare Einheit, die auch durch die stete Preisung von Krippenplätzen und Kindergeld betont wird[46]. Auf diese Art wird die „junge Mutti" zum Leitbild[47].

Häufig finden sich Berichte um Partner, die ihren Dienst bei der Nationalen Volksarmee ableisten müssen[48] und Angelegenheiten des Ehelebens. Vorgestellte Frauen sind stets verheiratet - so wird die *heterosexuelle Ehefrau* zum „Standard" für weibliche Lebensweise. Die Dreifachanforderung von Berufskarriere, Kindererziehung und Haushalt wird als nicht problematisch dargestellt[49]. Selten klingt Emanzipatorisches an. Wenn im Jahrbuch der Für Dich 1987 das geringere Freizeitkontingent von Frauen durch Einkäufe, Wege- und Wartezeiten im Vergleich zu ihren männlichen Altersgenossen[50] thematisiert wird, werden zwar als Gründe geschlechtsspezifisches Verhalten und Lebensbedingungen von Mann und Frau vermutet, aber nicht vertieft. Unerreichtes in der Gleichberechtigung hingegen findet keine Darstellung, etwa die wenigen Frauen in zentralen Positionen von Wirtschaft, Gesellschaft und Politik[51]. Vielmehr wird anhand präsentierter Statistiken die hohe Zahl berufstätiger Frauen gefeiert. Verschwiegen wurde dabei, dass gerade frauentypische Berufe geringer bezahlt werden[52].

Ab und an werden Frauenrechtlerinnen vorgestellt, allen voran Clara Zetkin, oder frühe Feministinnen, Suffragetten wie Olympe de Gouges[53]. Stets sind es dann Persönlichkeiten, deren Wirkungsfeld in der Vergangenheit lag.

---

45 Heß 1989

46 ibd.

47 Was u.a. Merkel (Merkel 1994) vor allem mit den gesellschaftspolitischen Zielen der Geburtensteigerung und der Senkung der hohen Zahl der Ehescheidungen in Verbindung bringt.

48 zum Beispiel in Von Jahr zu Jahr 1987

49 Bertrand 89

50 Ulrich 1987

51 Ein Serie etwa drehte sich darum, dass wenige Frauen in Spitzensituationen waren. Die Redaktion bekam dafür „Probleme", wie Chefredakteurin Jetzschmann zu Protokoll gibt (Bertrand 1989)

52 Bertrand 1989

53 Von Jahr zu Jahr 1989

Ein weiteres Phänomen kennzeichnet die Zeit der späten achtziger Jahre: junge Frauen werden immer öfter unbekleidet abgelichtet, Frauenkörper sexualisiert.

Lesbische Frauen in der DDR finden in redaktionellen Beiträgen der „Für Dich" kaum Erwähnung. Eine Ausnahme stellt die im Sommer 1984 entstandene Reportage über die Schriftstellerin und Schauspielerin Inge von Wangenheim dar[54]. Ihre Lebensgemeinschaft mit einer Frau wurde nicht ausgespart.

Ansonsten kommen lesbische Frauen hauptsächlich in Leserbriefseiten vor, etwa wenn ein Arbeitskollektiv anfragt[55], ob es in Ordnung sei, eine lesbischen Frau wegen guter Leistungen auszuzeichnen. Die „Für Dich"[56] befindet, eine Frau könne über ihre Lebensweise selbst entscheiden - auch wenn Homosexualität vom Sexualempfinden der Mehrheit abweiche und Ehe und Familie Schutz und Förderung des Staates genießen. Eine weitere Briefschreiberin wohnt in einer Hausgemeinschaft mit einem Frauenpaar. Das Paar wird als hilfsbereit und kontaktfreudig vorgestellt, das dazugehörige Kind werde „vorbildlich" erzogen. Der Schreiberin wird der Rat gegeben, sich weiterhin freundlich und respektvoll zu verhalten. Über Lesben wird berichtet, dass sie oft zurückgezogen lebten. Sie würden ihre „Neigung" erst spät entdecken und sich häufig aus Furcht vor Verachtung einen „Anstandsfreund" halten. „Unter dem Druck der Nötigung durch die Familie und das soziale Umfeld heiraten manche, gründen eine Familie. Nahezu alle haben Geschlechtsverkehr mit Männern, bevor sie lesbische sexuelle Erfahrungen sammeln". Die meisten wünschten sich eine feste Beziehung, haben aber Schwierigkeiten, eine Partnerin kennenzulernen. „Lesben sind ebensogute Mütter wie andere auch, sie stehen im Arbeitsprozess genauso ‚ihren Mann' wie jede Frau. Sie noch mehr in das gesellschaftliche Leben in den Wohngebieten und mit ihren Partnerinnen in die kollektiven Erlebnisse der Brigaden einzubeziehen, sollte darum unser aller Anliegen sein." [57]

Die meisten Leserzuschriften zum Thema Homosexualität in der „Für Dich" drehten sich um Männer. In der Regel wird in redaktionellen Reaktionen zu Toleranz aufgerufen[58]. Die Ablehnung von Homosexualität wird erklärt aus der Vergangenheit: die Homophobie sei eine Erfindung des mosaischen Glaubens und wurde von der christlichen

54 1912-1993

55 Für Dich 34/1981

56 d.i. in dem Fall Siegfried Schnabl

57 „Streit um eine Liebe", Für Dich 38/1988

58 So auch die Argumentation der Wochenpost (Grau 1987)

Kirche manifestiert. So auch in „Liebe von A-Z“[59]. „Die negative Wertung aus dem Dritten Reich wirke sich auch heute noch in individuellen Einstellungen aus.“ Der Verweis darauf, dass in solchen Beziehungen keine Kinder geboren würden, scheint dem Verfasser entscheidend zu sein. Die künftige de-facto-Aufhebung des §151 StGB[60], und damit die endgültige Gleichstellung Homo- und Heterosexueller vor dem Gesetz findet Eingang[61]. Die „Für Dich“ sieht zu frühe homosexuelle Handlungen bedenklich und verteidigt die Gesetzgebung der DDR: diese hätte anerkannt, dass sie „mit Strafandrohung auftreten sollte, wo die Entwicklung von Menschen in Gefahr gerät, z.B. [...] bei der homosexuellen Verführung Minderjähriger.“[62]

Auch in „Deine Gesundheit“ sind Leserbriefe Hauptmedium der Diskussion, etwa über Befürchtungen vor der Ablehnung der Umwelt[63] sowie schwere persönliche Konflikte der Selbstakzeptierung und die Partnerfindung[64]. Ratgeber urteilen regelmäßig, dass es ungerechtfertigt sei, Menschen, deren Sinn nicht auf zweigeschlechtliche Liebe gerichtet ist, deswegen Unehrbarkeit zu unterstellen. 1985 erscheint ein redaktioneller Beitrag in der „Deine Gesundheit“ zum Thema[65], in erster Linie zu homosexuellen Männern. Es wird berichtet, wie Homosexuelle zunächst aufgrund gesellschaftlicher Normen versuchen, eine heterosexuelle Existenz aufzubauen und oft ihre Neigung verschweigen. Dabei sei doch für den moralischen ‚Wert‘ eines Menschen die Integration in die sozialistische Gesellschaft entscheidend[66].

1987 erscheint ein Interview[67] mit Reiner Werner, Autor eines Titels zu Homosexualität[68]. Auf den Vorwurf, dass er lesbische Frauen wenig thematisiere, antwortete er, dass zu wenig über sie bekannt wäre und es kaum Literatur gäbe. Lesbische Frauen hätten kaum Probleme mit ihren Partnerinnen, auch über sexuell-erotisches würden sie nicht reden. Allgemein könne gesagt werden, dass lesbische Beziehungen heterosexuellen Partnerschaften ähnlich seien. Die gesellschaftliche Toleranz gegenüber zusammenlebenden Frauen, von denen eine ein

---

59 Hans Szewczyk, Für Dich 13/1988

60 Dieser Paragraph hatte ein höheres Schutzalter für gleichgeschlechtliche Kontakte (18 Jahre) im Gegensatz zu gegengeschlechtlichen Kontakten (16 Jahren) festgelegt.

61 Für Dich 15/1988

62 a.a.O., S. 359

63 Deine Gesundheit 2/84, „Dialog“

64 Deine Gesundheit 8/84 „Dialog“ und 11/84, „Dialog“

65 Erwin Günther: Homosexuell. In: Deine Gesundheit 11/85, S. 339-341

66 a.a.O., S. 341

67 Mielke 1987

68 Werner 1987

Kind hat, sei groß[69]. Nach Werners Ansicht solle alles versucht werden, jedem das Glück einer Familienbindung, einer heterosexuellen Bindung, zuteil werden zu lassen.[70] In den folgenden Heften[71] wünschen sich Leserinnen für spätere Auflagen des Werner-Buches mehr Raum für lesbische Frauen.

Das „Magazin" veröffentlicht in der Anfangszeit der achtziger Jahre kaum etwas zu lesbischen Frauen, mit Ausnahme eines Berichtes über die homosexuelle Frauenrechtlerin und Revolutionärin Mathilde Franziska Anneke[72]. Im „Magazin" erschienen viele Leserbriefe zur Homosexualität, v.a. von Männern, seit 1987 verstärkt[73]. Die Meinungen der sich darauf entwickelnden Leserbriefdiskussion reichen von beleidigend über verständnislos[74] bis liberal; schwule Erfahrungsberichte sind ebenso wie die Ansichten Heterosexueller enthalten[75]. Auch der „Sonntags-Club" kam zu Wort[76]. In der Zeitschrift erschien 1989 die Reihe „Ungestraft anders" zu Schwulen. In dem Journal waren über die Jahre 100 Umfragen zu Liebesverhältnissen veröffentlicht worden, drei davon stellten Schwule in den Mittelpunkt. Alle stammen aus dem Jahr 1989[77]. Ein Beschwerdebrief über „Vergessen" oder „geflissentliches Übersehen" der Lesben in Zeitschriften erscheint 1989: „Einige begründen das damit, daß diese es ja viel leichter haben, andere sagen, daß Lesben sich mit dem Schicksal der Schwulen identifizieren können [...]. Zu Hause bin ich nur die liebe Tochter, im Betrieb nur die angesehene Kollegin, weil keiner weiß, wie ich wirklich empfinde." [78]. Eine weitere Leserin bemerkt, dass die Artikel auch für sie als Lesbe wertvoll waren. Sie ist trotzdem kritisch: „Bis jetzt ging es in keiner einzigen Zeile um lesbisch liebende Frauen. Zum Teil haben wir die gleichen Probleme wie die Schwulen. Dennoch gibt es Unterschiede." Eine Umfrage für Lesben wurde als geplant angegeben, erschien allerdings zumindest 1989 nicht mehr[79]. Im Septemberheft[80] wurde in Briefen aufmerksam gemacht auf die Problematik des Lebens mit Kind und den Reaktionen der Umwelt darauf.

---

69 Mielke 1987
70 ibd.
71 Deine Gesundheit 9/1987
72 Gebhardt 1983
73 Das Magazin 12/87
74 Das Magazin 3/88
75 Das Magazin 4/88
76 ibd.
77 Das Magazin 2/90
78 Das Magazin 5/1989, S.2
79 ibd.
80 Magazin 9/89

Im Jugendmagazin „neues leben“ ist in den achtziger Jahren einiges zu Homosexualität zu lesen, in der Regel als Leserbrief. Lesbische Liebe ist 1984 explizites Thema[81]. Wissenschaftlich wird das Thema in einem Beitrag von Lykke Aresin angegangen[82]. Darin wird begründet, warum die Öffentlichkeit sich weit mehr mit der männlichen Homosexualität als mit der weiblichen beschäftigt. Weibliche Homosexualität sei nicht so häufig, innige Freundschaften zwischen Frauen würden eher toleriert, ebenso das Bekenntnis von Lesben zu ihrer Neigung. Daher seien sie oft besser sozial integriert und haben weniger Probleme als Schwule. Vielleicht würden Lesben als solche aber auch einfach nicht von der Umwelt erkannt. Außerdem glaube man auch, eine so veranlagte Frau könne schließlich doch heiraten und Kinder bekommen[83]. Im Herbst 1989 startet die Zeitschrift die Reihe „Ab morgen bin ich tolerant“. Eins der „Fallbeispiele“ war ein schwules Paar[84]. Die Zuschriften spiegeln ein breites Spektrum an Meinungen wieder. Zu Lesben ist nichts enthalten[85].

In der Frauenzeitschrift wird als Norm von der verheirateten Frau mit Kindern ausgegangen, die sich problemlos, gut und gern um Heim und Familie ebenso wie um den Beruf kümmert. Sie ist außerdem um ihr äußeres Erscheinungsbild bemüht. Emanzipatorisches Gedankengut ist ihr nicht zueigen - Frauenrechtlerinnen gab es nach Medien-Eindruck nur in vergangenen Zeiten.

Die Darstellung homosexueller Frauen fällt recht mager aus. In einigen wenigen Artikeln wird nach Erklärungen gesucht, warum lesbische Frauen so wenig sichtbar seien: da sie akzeptiert und weniger auffällig seien, sich besser anpassten. Die Sichtweise auf „die“ lesbische Frau in den Medien lässt sich so zusammenfassen: eine unauffällige, angepasste Frau, die tüchtig im Beruf ist. Sie war einmal verheiratet, hat ein Kind und lebt in einer stabilen Beziehung - oder sie lebt zurückgezogen aus Angst vor sozialer Ablehnung. Das Konzept der lesbischen Frau ist offensichtlich weitgehend kongruent mit der Norm der Frau allgemein: gute Mutter, wenigstens in der Vergangenheit mit einem Mann verheiratet bzw. noch „scheinheterosexuell“ und berufstätig. Da die Theorie zur Verführbarkeit zur Homosexualität nicht mehr vertreten wird, kann das Klischee der „lesbischen Verführerin“ nicht vermutet werden - wo diese Verführbarkeit noch angenommen wird, bezieht sie sich nur auf Männer. Lesbische Frauen unterscheiden sich also in

81 neues leben 2/84
82 Aresin 1987
83 neues leben 2/88
84 neues leben 11/89
85 ibd.

der Darstellung nur wenig von heterosexuellen Frauen. Dass sie trotzdem so aus dem Rahmen fallen, dass sie nicht mehr in das Konzept weiblicher Lebensweise einbezogen werden, zeugt von dessen Enge - in den Medien.

II.3 Das Frauenbild in Politik, Wissenschaft und Frauenorganisation

Das Frauenbild in Politik, Wissenschaft und Frauenorganisation soll in den folgenden Abschnitten untersucht werden. Dabei wird herausgefiltert werden, welche Möglichkeiten, Limitationen und Normen weiblicher Lebensweise als gesellschaftlicher Konsens gehandelt wurden[86]. Die Frage nach dem vorherrschenden normativen Konzept weiblicher Lebensweise in der „offiziellen DDR" der achtziger Jahre soll beantwortet werden.

II.3.a Frauen als Gegenstand von Politik und Gesetzgebung

Die DDR-Verfassung von 1968 legt die Gleichberechtigung der Frau fest. Bestimmt wird die gleiche Rechtsstellung in allen Bereichen des gesellschaftlichen, staatlichen und persönlichen Lebens[87]. Darüber hinaus sei die Förderung der Frau, besonders der beruflichen Qualifizierung, gesellschaftliche und staatliche Aufgabe[88]. Ehe, Familie und Mutterschaft werden unter besonderen Schutz des Staates gestellt[89]. Im Familiengesetzbuch von 1965[90] wird auch die Gleichberechtigung der Frau in der Ehe festgeschrieben. Diese finde ihre Erfüllung in der Gründung einer Familie, die als „kleinste Zelle der Gemeinschaft" von großer gesellschaftlicher Bedeutung[91] und im Interesse des Staates[92] sei. Diese Ausführungen zeugen vom Lob der Familie und dem Konzept der (Ehe-)Frau als Mutter. Dadurch und durch die Fokussierung auf die Familie als Gemeinschaft aus Mann, Frau und Kind bzw. Kindern, werden sie gegenüber anderen Lebensformen privilegiert.

Der theoretisch umfassende Gleichberechtigungsanspruch wurde in bezug auf die Teilhabe von Frauen an politischen Entscheidungsprozessen kaum realisiert. Frauen waren nur zu einem kleinen Teil in

86 Scott 1994
87 Verfassung der DDR 1968, Art. 38,2
88 Verfassung der DDR 1968, Art. 20,2
89 Verfassung der DDR 1968, Art. 38,1
90 von der Volkskammer bestätigt wurde es 1966
91 Präambel des Familiengesetzbuches, 1965
92 Familiengesetzbuch 1965, § 24,1

politischen Schaltstellen vertreten, auch wenn sie nicht regelrecht vom politischen Gestaltungsprozess ausgeschlossen waren[93]. So betrug der Frauenanteil in der Volkskammer am Ende der siebziger Jahre 33,6%, 1989 32,2 %. Da aber die Volkskammer nicht eigentlich Ort politischer Entscheidungen, sondern vornehmlich Ort von Abstimmungen war[94], kann dies nicht als entscheidend gelten. In politischen *Entscheidungs*organen waren Frauen weder ihrem Mitgliederanteil in den Parteien noch ihrer Bedeutung für die Volkswirtschaft entsprechend vertreten[95]. Im Politbüro war nie eine Frau stimmberechtigtes Vollmitglied, lediglich zwei Frauen waren „Kandidat" ohne Stimmrecht gewesen[96]. Ähnliches gilt für den Ministerrat, ihm gehörte lediglich Margot Honecker an[97].

Mit dem Amtsantritt Erich Honeckers war eine Öffnung und Popularisierung der SED betrieben worden, was auch die Erhöhung der Mitgliederzahlen von Frauen mit sich brachte. An der Machtverteilung in der SED änderte das nichts[98]. Das Problem wurde durchaus erkannt, so heißt es in einer Verlautbarung von Erich Honecker[99], dass den Vorbehalten entgegenzutreten sei, die den Einsatz von Frauen in verantwortlichen Positionen von Staat, Wirtschaft, Gesellschaft und Partei erschweren oder unmöglich machen. Frauen sollten in allen gesellschaftlichen Bereichen bis in Spitzenfunktionen eingesetzt werden[100]. Eine Umsetzung dieser Forderungen fand nicht statt.

Die Gremien, von denen Vorgaben und Umsetzung von Frauenpolitik wesentlich konzipiert wurden, waren die Arbeitsgruppe Frauen bzw. die Frauenabteilung beim Zentralkomitee (ZK) der SED, sowie die Frauenkommission beim Politbüro. Neben hauptamtlichen Mitgliedern wirkten hier Vertreterinnen aus Wissenschaft, Wirtschaft, Staatsapparat und Massenorganisationen. Die Frauenkommission unterstützte die Arbeit der ZK-Abteilung. Wissenschaftliche Zuarbeit erhielten diese Gremien vom Wissenschaftlichen Beirat „Die Frau in der sozialistischen Gesellschaft" beim Präsidenten der Akademie der Wissenschaften zu Berlin/DDR[101]. Diese Körperschaften vermochten weder die Bedeutung der politischen Förderung von Frauen noch den weiblichen Einfluss zu steigern. Sie waren nicht zum Zweck der Interessenvertre-

---

93 Diese Meinung vertritt z.B. Hampele (Hampele 93)
94 Wiggershaus 79
95 Hampele 93
96 Margarete Müller (seit 1963) und Inge Lange (seit 1973)
97 Hampele 93
98 Hampele 93
99 Honecker 87
100 Honecker 87
101 Hampele 1993

tung etabliert worden, sondern zur Konzipierung und Realisierung von Frauenpolitik im Verständnis der SED, als Mobilisierungs- und Agitationspolitik. Diese war in gesamtgesellschaftliche Intentionen einzuordnen[102].

Die Frauenpolitik der DDR setzte verschiedene Schwerpunkte[103]. Während im Nachkriegsjahrzehnt die Einbeziehung weiblicher Arbeitskräfte im Vordergrund stand, wurde bis Ende der sechziger Jahre eine Qualifizierungsoffensive fortgeführt und die soziale Infrastruktur der Kinderbetreuung ausgebaut[104]. Eine neue Phase begann mit dem Amtsantritt Erich Honeckers. Auf dem VIII. Parteitag der SED 1971[105] stellte er fest, dass die Gleichberechtigung der Frau sowohl gesetzlich als auch im Leben weitgehend verwirklicht war[106]. Mit seiner Deklaration der „Einheit von Wirtschafts- und Sozialpolitik" ging die Verbindung von Frauenpolitik und Sozialpolitik einher - ohne die wirtschaftliche Komponente weiblicher Erwerbstätigkeit zu vernachlässigen. Die Zielrichtung war nunmehr die Vereinbarkeit von Beruf und Familie für Frauen[107], ausgerichtet an bevölkerungspolitischen Erfordernissen[108]. Dabei wurde Gleichberechtigung auch als Selbstbestimmungsrecht der Frau verstanden, was durch die Legalisierung des Schwangerschaftsabbruchs 1972 zum Ausdruck kam[109]. Die hohen weibliche Erwerbsquoten *und* die bestehende traditionelle Arbeitsteilung zwischen den Geschlechtern ließ das Anwachsen sozialpolitischer Maßnahmen im Sinne einer Familienpolitik zur Entlastung der Mütter werden[110]. Auf die Veränderung der Arbeitsverteilung im privaten Bereich zielte die Regelung des Familiengesetzbuches ab, nach der beide Ehegatten „ihren Anteil bei der Erziehung und Pflege der Kinder und der Führung des Haushalts"[111] tragen. Politisch und ideologisch wurde an der Umsetzung dieser Zielstellung nicht gearbeitet, ebenso wenig an Proble-

---

102 ibd.

103 ibd.

104 ibd.

105 Erich Honecker wurde auf diesem Parteitag zum Ersten Sekretär des ZK der SED gewählt, ebenfalls 1971 trat er die Ulbricht-Nachfolge als Vorsitzender des Nationalen Verteidigungsrates an. Vorsitzender des Staatsrates wurde er erst 1976. DDR-Handbuch 1985

106 Honecker 1971

107 Bouvier 2002

108 Waberski 1997

109 ibd.

110 Hampele 1993

111 § 10. (1) Familiengesetzbuch der DDR, beschlossen 1966

men im Arbeitsleben von Frauen, wie Arbeitszeiten, Fehlqualifizierungen oder Aufstiegsbarrieren[112].

Eine Maßnahme, die auch als Gleichbehandlung der Geschlechter gesehen werden kann, war das Wehrdienstgesetz von 1982 - seither galt die Regelung, dass auch Frauen im Fall der Mobilmachung zum Wehrdienst herangezogen werden können[113].

Welche gesetzlichen Regelungen und politische Maßnahmen betrafen speziell lesbische Frauen?

Grundsätzlich war Homosexualität in der DDR nicht verboten. Gesetzliche Restriktionen existierten in bezug auf das Schutzalter, das homosexuelle Kontakte Erwachsener mit Jugendlichen unter 18 Jahren unter Strafe stellte. Für Heterosexuelle lag die entsprechende Altersgrenze bei 16 Jahren, geregelt durch § 151 StGB der DDR von 1968. Hintergrund war die These der Verführbarkeit Jugendlicher, deren „normale sexuelle Entwicklung" beeinträchtigt werden könnte. Dieser hatte den vorher gültigen §175 StGB ersetzt, der homosexuelle Handlungen zwischen Männern unter Strafe stellte. Die neue Regelung bezog erstmals auch lesbische Frauen ein[114]. Der §151 StGB wurde 1987 für unbedeutend erklärt und 1989 aus dem Strafgesetzbuch gestrichen[115].

Ein juristisches Recht auf gemeinsamen Wohnraum für gleichgeschlechtliche Paare gab es nicht in der DDR, diese Entscheidung hing jedoch von den jeweiligen Behörden ab[116]. Eine institutionalisierte Form für homosexuelle Partnerschaft gab es nicht[117]. Homosexuelle Familien, d.h. zwei Erwachsene gleichen Geschlechts mit Kind bzw. Kindern, waren in der Gesetzgebung nicht existent.

Durch selbstbestimmte Mutterschaft und wirtschaftliche Eigenständigkeit ergaben sich weitreichende Möglichkeiten für Frauen. Durch gesellschaftliche Orientierung auf die Familie, deren Arbeitsstrukturen die Frauen Energie und Zeit kosteten, und durch mangelnde Anstrengungen der Politik, Frauen wichtige Positionen einzuräumen, wurden jedoch große Chancen vertan. Dadurch, dass die Frauenpolitik seit 1971 weitgehend Sozialpolitik für Mütter war, fielen ältere, alleinstehende oder homosexuelle Frauen aus dem politischen Wahrnehmungsraster heraus. Sie profitierten aber von der Selbstverständlichkeit weiblicher Erwerbsarbeit. Einzelmaßnahmen fielen aus dieser

---

112 Hampele 1993
113 Waberski 1997
114 Nastola 1999
115 Schenk in Senat 1991
116 Grau 1989
117 Sillge 1989(2)

Politiklinie heraus, etwa das Wehrdienstgesetz von 1982, das theoretisch als ein Schritt in Richtung Gleichbehandlung mit Männern gesehen werden kann.

Für lesbische Frauen galt ein weiterer zweifelhafter Gleichbehandlungsaspekt: bis 1989 ließen sie gesetzliche Bestimmungen in den Ruf jugendverderbender Betörerinnen geraten, was sie nicht als gleichberechtigte *Bürgerinnen* erscheinen ließ.

II.3.b Das normative Konzept der Frau in wissenschaftlichen Institutionen

Zur Untersuchung des normativen Konzeptes der Frau im Bereich der Wissenschaft sollen Institutionen und ihre Verlautbarungen im Mittelpunkt stehen, die sich mit der Erforschung weiblicher Lebensweise befassen. Nicht berührt werden dabei medizinische, psychologische oder kriminologische Forschungen. Im weiteren soll es um die Thematisierung *lesbischer* Frauen in wissenschaftlichen Verlautbarungen gehen.

Als Untersuchungsobjekte dieses Kapitels wurden die „Informationen des Wissenschaftlichen Rates ‚Die Frau in der sozialistischen Gesellschaft'[118]" und die „Mitteilungen der Forschungsgemeinschaft ‚Geschichte des Kampfes der Arbeiterklasse um die Befreiung der Frau'" ausgewählt. Sie sind die Foren der beiden wissenschaftlichen Institutionen der DDR, die sich mit Frauenthemen beschäftigten.

Die Informationen des wissenschaftlichen Rates boten ein breites Themenspektrum. Soziologisches, Kulturwissenschaftliches, Wirtschaftliches, Sprach- und Literaturwissenschaftliches, Historisches und einiges mehr fand Eingang. Die Veröffentlichungen enthielten in den achtziger Jahren viel über die Lage der Frau in der DDR und anderswo. Häufig wurden Leistungsbereitschaft, Familie und Bevölkerungspolitik in den Mittelpunkt gestellt. Ein Schwerpunkt über mehrere Jahre war die Problematik des geringen Frauenanteils bei mittleren und höheren Kadern und Leitungsfunktionen[119]. Berichte über die vergangene Frauenbewegung und die in der BRD und anderen Ländern fanden sich[120], z.B. über die „Frauen für den Frieden" in Westdeutschland. Die gleichnamige Bürgerrechtsgruppe in der DDR wurde nicht erwähnt. Für die DDR wird festgestellt, dass die Gleichberechtigung der Frau verwirklicht ist - und dass der Prozess der Gleichstellung von Mann

---

118 bis 1981 Wissenschaftlicher *Bei*rat

119 Informationen 1/2 87

120 in den Informationen 4/1989

und Frau weiter voranzutreiben und dabei vorhandene Hemmnisse zu überwinden seien[121]. Blieb es 1981 noch bei solchen indirekten Eingeständnissen, wurde in späteren Aufsätzen die provokante Frage gestellt, ob nur antagonistische Klassengesellschaften patriarchal strukturiert seien. Dabei kritisierte sie, dass die Frauenfrage als Teil der sozialen Frage verstanden würde, auf die mit sozialpolitischen Maßnahmen reagiert worden wäre. Vor allem aber wird konstatiert, dass die Frau in der Forschung mehr Objekt eines Befreiungsprozesses als Subjekt der eigenen Emanzipation gewesen wäre. Die Vereinbarkeit von Beruf und Familie war offensichtlich nicht alleiniger Gradmesser für die Gleichberechtigung[122]. Auch aus der Sprachwissenschaft stammten Beiträge zur Gleichberechtigung der Frau[123]. Aufsätze zu Geschlechterrollen, Geschlechtersozialisation und Arbeitsteilung[124] folgten vermehrt in den letzten Jahren der DDR. Die Informationen spiegelten eine relativ differenzierte Sichtweise auf die Lage der Frau wieder. Die Frauen, die in den Informationen des wissenschaftlichen Rates thematisiert wurden, waren verschiedenen Alters, Herkunft und „Klasse“. Im Großteil der Artikel wird allerdings ausgegangen von heterosexuellen Familienmüttern, selbst wenn über Lebensgemeinschaften ohne Trauschein und alleinstehende Frauen[125] berichtet wurde. Lesbische Frauen fanden an keiner Stelle Erwähnung. Weder Buchveröffentlichungen, wissenschaftliche Tagungen oder die Bildung von Forschungsgruppen zur Homosexualität fanden ihren Weg in diese Publikationen. Als normatives Frauenkonzept kristallisierte sich hier bei aller Vielfalt doch wieder die arbeitende heterosexuelle Familienmutter heraus.

Die einzige in der DDR institutionalisierte historische Frauenforschung, die Forschungsgemeinschaft[126] „Kampf der Arbeiterklasse um die Befreiung der an der Pädagogischen Hochschule ‚Clara Zetkin'“ trug politikgeschichtlichen Charakter[127]. Die Frauen wurden als historische Kategorie unter dem Gesichtspunkt untersucht, was sie zum Voranschreiten der Geschichte beigetragen hätten[128]. Dabei handelte es sich um Frauen, die sich in Klassenkämpfen oder im Widerstand gegen

---

121 Schneider 1981

122 so bei Kuhrig 1989

123 Mitteilungen 4/1988

124 Mitteilungen 3/1989

125 Informationen 5/1986

126 zumindest bis 1989, als die Kommission zur Geschichte der Frauen und Frauenbewegung beim Nationalkomitee der Historiker der DDR konstituiert wurde. Bridge 2002

127 Schötz 1994

128 Bridge 2002

den Nationalsozialismus hervorgetan hatten, Protagonistinnen der bürgerlichen Frauenbewegung gewesen waren[129], die Arbeiterbewegung unterstützt hatten oder in anderer Form an weiblichen Emanzipationsbewegungen partizipiert hatten - allen voran Frauen wie Rosa Luxemburg oder Clara Zetkin.

In den achtziger Jahren war ein thematischer Schwerpunkt die Natur der nationalsozialistischen Frauenpolitik. Auch Beiträge zu Biographien von Ehefrauen von führenden Politikern und Theoretikern der Arbeiterbewegung wurden publiziert[130]. Die Frauenbefreiung wurde dabei i.d.R. eingeordnet in die Arbeiterbewegung[131]. Im weiteren wurde hier v.a. das erfolgreiche Voranschreiten der Gleichberechtigung in der DDR gefeiert - ohne die realen Lebensverhältnisse von Frauen zu berücksichtigen. Die Geschichtsphilosophie, in der sich die DDR als Sieger der deutschen Geschichte sah, wirkte sich negativ aus auf die Erörterung von Geschlechtsbeziehungen. DDR-Frauen konnten nicht anders als kämpferisch beschrieben werden, da in diesem Verständnis die sogenannte revolutionäre Überwindung der kapitalistischen Profitordnung unweigerlich zur Emanzipation der Frau führen musste[132]. Geforscht wurde unter der marxistischen Prämisse, dass die Beziehungen der Geschlechter gesehen werden müssten als ein Ergebnis der besonderen sozio-ökonomischen Bedingungen[133].

Das Frauenbild dieser Institution ist also das der aufrechten Kämpferin - und das der emanzipierten Frau im DDR-Sinne: der Berufstätigen. Auch hier wurden lesbische Frauen nicht thematisiert.

Um herauszufinden, welche Sichtweise auf lesbische Frauen bestand, müssen andere Institutionen untersucht werden.

In der wissenschaftlichen Auseinandersetzung mit Homosexualität setzte Mitte der siebziger Jahre eine Toleranzwelle ein.[134] Gleichgeschlechtliche Liebe wurde zuweilen in Kurzaufsätzen thematisiert. Bei der Suche nach Ursachen der „Weiblichen Homophilie" nahmen Franz und Margarete Fleck[135] 1974 böse Jugenderlebnisse, Familienszenen oder Verführung in der späten Kindheit an. Lesben neigten zu Prostitution und Verbrechen. Im weiteren Zeitverlauf gestaltet sich das Forschungsinteresse für Lesben anhängig an den Schwerpunkt schwuler

---

129 Diese Frauengruppe wurde allerdings erst seit den achtziger Jahren berücksichtigt, nach Bridge 2002

130 Bridge 2002

131 Bridge 2002

132 Schötz 1994

133 Bridge 2002

134 Waberski 1997

135 Fleck 1974

Sexualität. Ein Beispiel dafür ist Siegfried Schnabls Beitrag zur Homosexualität der Frau[136], unter dem Absatz „Pathologie der Sexualität". Dabei wird v.a. die unzulängliche Dokumentation zu lesbischen Frauen reflektiert, der Kenntnisstand stamme z.T. noch aus den zwanziger Jahren. Die Klischees, die auf dieser Basis wiedergegeben werden, zeigen die kriminelle, aus Eifersucht mordende oder sich prostituierende Lesbe - oder auch die Erzieherin oder Gefängniswärterin[137]. Waberski[138] zeigt, wie in der wissenschaftlichen Literatur zu Lesben die mangelnde Forschung damit begründet wird, dass Frauen mit lesbischen Neigungen nicht unbedingt homosexuell sein müssten. Vielmehr gäbe es unter ihnen „alleinstehende und frustrierte Frauen". Im Vordergrund würden emotionale Liebesbeziehungen stehen, stabile Beziehungen seien die Regel. Ein Papier aus dem Haus der Gesundheit von 1979 stellte die Verbindung von Feminismus und lesbischer Organisation her, Lykke Aresin und Erwin Günther beschrieben feministische Tendenzen von Lesben nur in anderen Ländern[139].

Von 1984-88 wurde an der Humboldt-Universität Berlin der Interdisziplinäre Arbeitskreis Homosexualität eingerichtet, in dem auch Homosexuelle mitarbeiteten durften. Im Jahr 1985 erschien ihr Positionspapier „Zur Situation homophiler Bürger in der DDR"[140]. Die Arbeit stellte dort, wo zwischen den Geschlechtern differenziert wird, überwiegend Schwule ins Zentrum. Zu lesbischen Frauen heißt es, dass zu ihnen in der DDR keine aussagekräftigen Forschungsergebnisse vorlägen[141]. Im weiteren gelangte die Arbeitsgruppe zu dem Verständnis, dass die Lebenssituation Homosexueller in der DDR schwierig sei[142]. Vor Gründungsbestrebungen unabhängiger Interessengemeinschaften wurde gewarnt[143]. Der staatlichen Seite wurde die gesellschaftliche Aufarbeitung der Problematik ‚Homophilie' angetragen, die durch Publikationen und den Versuch zur Einrichtung einer speziellen Kommunikationsstätte erreicht werden sollte[144].

Ebenfalls 1985 richteten die Sektion Ehe und Familie, die Gesellschaft für Sozialhygiene der DDR, die Sektion Andrologie und die Gesellschaft für Dermatologie der DDR die 1. Tagung „Psychosoziale Aspek-

---

136 in Hesse/Tembrock 1974
137 Waberski 1997
138 Waberski 1997
139 Aresin 1983
140 Thinius in Starke 1994
141 nach Sillge 1991
142 Waberski 1997 .
143 nach Sillge 1991
144 Humboldt-Universität 1985

te der Homosexualität" in Leipzig aus[145]. Erstmals artikulierten einzelne aus Emanzipationsgruppen eingeladene Betroffene spezifische Probleme und präsentierten ihre Forderungen vor Fachpublikum. Zwischen den wissenschaftlichen Beiträgen erhielten auch eine lesbische Frau, Ursula Sillge vom Sonntags-Club, und ein schwuler Mann[146] Redemöglichkeit. Von den wissenschaftlichen Teilnehmern wurde weibliche Homosexualität nicht thematisiert, lediglich von Ursula Sillge. In den Tagungsband wurden auch Beiträge weiterer Homosexueller aufgenommen, so auch der von Christina Schenk[147]. Die Beiträge wurden allerdings gekürzt bzw. manipuliert[148]. Kurz darauf erfolgte eine Versendung von Fragebögen an Schwule, um „Konfliktbereiche gleichgeschlechtlich liebender Menschen in der DDR zu ermitteln". Dieser wurde kurz darauf in identischer Form auch an Lesben versendet[149]. Erst durch Reaktionen der Antwortenden wurden Fragen zur spezifisch männlichen Anatomie modifiziert[150]. Eine ausführliche Publikation entstand aus den ca. 200 ausgefüllten Fragebögen nicht.

Die 2. Tagung „Psychosoziale Aspekte der Homosexualität" fand 1988 in Karl-Marx-Stadt statt. Diesmal wurde Betroffenen eine erheblich stärkere Beteiligung eingeräumt[151], ihre Tagungsbeiträge über lesbische Frauen enthielten Begriffsbestimmungen[152] sowie Einblick in Zusammensetzung und Arbeitsweise des Sonntags-Clubs. Christina Schenk und Marinka Körzendörfer sprachen über lesbische Lebensrealitäten. Eine Forschungsstudie für lesbische Frauen wurde in Aussicht gestellt, aber nicht mehr realisiert[153]. Seitens der DDR-Teilnehmer wurde betont, dass Homo- und Heterosexualität objektiv zwei gleichwertige Varianten menschlichen Sexualverhaltens seien.[154]

Die dritte und letzte Tagung Psychosoziale Aspekte der Homosexualität fand 1990 statt und beinhaltete auch eine Bilanz der vergangenen Tagungen - insbesondere die massiven staatlichen Eingriffe in Themenstellung und Veröffentlichungen [155].

---

145 ab hier nach Waberski 1997, S. 60f.

146 Eduard Stapel

147 Tagungsband 1986

148 In der westdeutschen Ausgabe (Amendt 1989) wurde dies dann berichtigt

149 An Homosexuelle, die gleichgeschlechtliche Inserate aufgegeben hatten

150 Zitzewitz/Karstädt 1996

151 soweit Waberski 1997

152 Im Beitrag von Christina Schenk

153 bis hier nach Waberski 1997

154 Schenk in Senat 1991

155 Waberski 1997

Als erstes populärwissenschaftliches Buch erschien 1987[156] Reiner Werners „Homosexualität. Herausforderung an Wissen und Toleranz", vor allem ein Aufklärungsbuch über Homosexuelle. Lesbische Frauen kamen nur auf wenigen Seiten vor, unter dem Stichwort „Lesbizität"[157]. Der Autor konstatiert, dass die Literatur zu diesem Thema schmal und wenig auskunftsfähig sei. Über Lesben ließe sich sagen, dass sie besonders integriert und unauffällig seien und weniger als Schwule nach Öffentlichkeit und Gruppenbildung strebten. Dabei unterstellte er zumindest einem Teil lesbischer Frauen, dass sie nicht mit Männern zusammenleben wollten und sich im nachhinein die Pseudobegründung angeborener Homosexualität zulegten. Die feministisch-lesbische Bewegung klassifiziert Werner als bürgerliches Produkt.

Die zweite sachorientierte Buchveröffentlichung zur Homosexualität erschien 1989, Günter Grau hatte sie auch unter theologischem Blickwinkel zusammengestellt[158]. Inhalt war vor allem die Widerlegung von Vorurteilen und die Haltung der evangelischen Kirche zu Homosexualität sowie den Arbeitskreisen bei evangelischen Gemeinden. Lesbische Themen wurden nur im Zusammenhang mit schwulen Angelegenheiten behandelt, feministisches nicht thematisiert. Die Publikation zum Film „Die andere Liebe" von 1988[159], entstanden in Zusammenarbeit mit dem Deutschen Hygienemuseum in Dresden, berücksichtigte als Ratgeber beide Geschlechter.

Lesbische Frauen kamen in wissenschaftlichen Institutionen nur selten vor. Einrichtungen, die sich vornehmlich um Themen rund um weibliches Leben beschäftigten, berücksichtigten sie gar nicht. Tagungen und Kommissionen, die sich um Homosexualität drehten, behandelten lesbische Frauen nur am Rand. Publikationen zu Homosexualität, die auch die weiblichen Vertreter thematisierten, benennen zuerst den Mangel an Informationen und Untersuchungen hierzu. Während in den siebziger Jahren an einigen Stellen noch das Bild der kriminellen Lesbe wiedergegeben wurde, sah man in den achtziger Jahren das Bild einer Frau, die sich dem Manne abwandte. Feministische Intentionen oder Bestrebungen zu Gruppenbildungen wurden ihnen nur selten unterstellt.

156 eine zweite Auflage folgte bereits 1988
157 Werner 1987
158 Grau 1989
159 Grau 1988

II.3.c Der Demokratische Frauenbund Deutschlands

Der Demokratische Frauenbund Deutschlands (DFD) war die einzige Frauenorganisation der DDR[160] und verstand sich als institutionalisierte Vertretung von Fraueninteressen[161]. Als Massenorganisation sollte er einheitlich, überparteilich und überkonfessionell sein, also auch unabhängig von Parteizugehörigkeit und Weltanschauung, obgleich die Frauen in den Leitungspositionen durchweg SED-Mitglieder waren.[162] Er sollte einerseits Mitgliederinteressen artikulieren und andererseits Parteibeschlüsse und die marxistisch-leninistische Weltsicht verbreiten. In der Volkskammer der DDR stellte der DFD eine eigene Fraktion. Der Aufbau des DFD gestaltet sich nach dem Territorialprinzip. Gruppen existierten in Wohngebieten und Gemeinden, in hierarchisch übergeordneten Ebenen folgten Stadt-, Kreis-, Bezirks- und zentrale Leitungsorgane. Die Aufgabengebiete des DFD waren die politisch-ideologische Arbeit, die Heranführung der Frauen aller Bevölkerungsschichten an die aktive Mitwirkung im gesellschaftlichen Leben und die Erleichterung des Lebens für die werktätige Frau. Der DFD sollte v.a. Frauen ansprechen, die für SED und FDGB schwer erreichbar waren, Hausfrauen, Frauen aus dem Handwerk und Christinnen. Damit wurde auch Werbung für das sozialistische Bewusstsein und die wissenschaftliche Weltsicht verbunden[163].

Die Stellung des DFD wandelte sich im Laufe der Zeit. In den siebziger und achtziger Jahren ergriff der DFD keine politische Initiative mehr, er konnte nur solche Aktivitäten entwickeln, die ihn nicht in Opposition zur Partei brachten. Nach anderem Verständnis[164] musste der DFD die Interessen dem Staat gegenüber nicht durchsetzen, da dieser die Wahrnehmung und Durchsetzung von Frauenrechten und Fraueninteressen zum Staatsziel erklärt hatte. So würde die Organisation ihren Aufgaben am besten gerecht, indem sie mit dem Staat zusammenarbeitete[165]. Neben der internationalen Arbeit trat der DFD als Interpret und Ausführungsorgan der staatlichen sozialpolitischen Maßnahmen auf,

---

160 aber nicht die einzige Vertretung von Fraueninteressen: unter den Bedingungen gewerkschaftlicher Frauenarbeit kam dem FDGB z.T. größere Bedeutung zu als dem DFD. Das Wirkungsfeld des DFD war das Wohngebiet, nicht der Betrieb. Der FDGB vertrat auch die Interessen der weiblichen Arbeiter und Angestellten. Bei der zentralen Rolle der Berufstätigkeit im DDR-Modell der Emanzipation bewirkte die Ausgrenzung eingeengte Wirkungsmöglichkeiten. Kuhrig 1998

161 Wiggershaus 1979

162 im Gegensatz zu den meisten „einfachen" DFD-Mitglieder

163 Hampele 1993

164 Kuhrig 1998

165 Wiggershaus 1979

etwa beim Aufbau der Beratungszentren als Begleitmaßnahmen zur Freigabe des Schwangerschaftsabbruches. DFD-Gruppen organisierten vor Ort zahlreiche Initiativen, um die Folgen der seit Mitte der 70er krisenhaften volkswirtschaftlichen Entwicklung abzumildern[166]. Erklärtermaßen sollte der DFD Arbeit für die Gestaltung des gesellschaftlichen Lebens in den Wohngebieten der Städte und Dörfern leisten, Kleinarbeit in verschiedenen Lebensbereichen: Handel, Dienstleistungen, Kinderbetreuung, Verschönerung der Wohnumwelt - so würden die Lebensbedingungen der berufstätigen Frauen und ihrer Familien verbessert[167]. So setzte der DFD sich für die Verbesserungen der Lebensbedingungen im Wohngebiet ein, etwa für Alltagsdinge wie Einkaufsmöglichkeiten. Im weiteren oblag ihm auch die Förderung der Herausbildung des sozialistischen Bewusstseins der Frauen, durch Versammlungsthemen, die zuvor bereits Gegenstand von Gewerkschafts- oder Parteiversammlungen gewesen waren. Auch interessante Angebote für die Freizeit sollten entwickeln werden[168].

Zu den Arbeitsformen des DFD gehörten Schulungen der Frauen in den auf Ortsebene angesiedelten Frauenakademien, in Form von Vortragsreihen zu bestimmten politisch-ideologischen, kulturellen und hauswirtschaftlichen Themen. Primär als familien- und bevölkerungspolitische Maßnahme, in Reaktion auf die zunehmende Scheidungshäufigkeit bei gleichzeitigem Geburtenrückgang, richtete der DFD seit 1971 zur beratenden Unterstützung berufstätiger Mütter sowie zur Vorbereitung junger Menschen auf Ehe und Familie „Beratungszentren für Haushalt und Familie“ in den Bezirks- und Kreisstädten ein. Diese entwickelten sich zu Einrichtungen praxisorientierter Haushalts-, Säuglingspflege und Eheberatung[169].

Die Organisation blieb von kritischen Diskussionen weitgehend abgeschottet. Für Themen wie Gewalt gegen Frauen in der DDR oder die Entkriminalisierung der Homosexualität und anderes setzte sich der DFD nicht besonders ein, er wartete Beschlüsse der Partei ab[170]. Als sich Anfang der achtziger Jahren nicht-staatliche Gruppen mit pazifistischem Inhalt bildeten, waren die DFD-Gruppen wie die FDJ gehalten, die Verteidigungsdoktrin des Staates in Vor-Ort-Veranstaltungen zu vertreten. Die Änderung des Wehrdienstgesetzes etwa, die zu ersten öffentlichen Protesten unabhängiger Frauengruppen führte, wurde

166 Hampele 1993
167 Honecker 1987
168 Kuhrig 1998
169 DDR-Handbuch 1985
170 Hampele 1993

nicht erwähnt[171]. Der DFD war weitgehend zum Vollzugsmittel der Staatspolitik geworden. Seine Themen, Formen und v.a. die thematischen Tabus[172] hatten ihn zu einer Organisation der älteren Frauen werden lassen[173]. Maßnahmen, die in den achtziger Jahren auf Jüngere abzielten, drehten sich vorwiegend um Haushalt, Kinder und Familie.

Anziehungskraft auf „Neue" hatte der DFD nicht, v.a. nicht auf die jüngere Frauengeneration. In den achtziger Jahren wurden DFD-Beratungszentren v.a. mit Haushaltsthemen assoziiert. Die Mitgliederzahlen stagnierten trotz Werbekampagnen. Politische Arbeit wurde kaum verbunden mit dem DFD[174]. Das Programm eines DFD-Beratungszentrums in Potsdam[175] vom Herbst 1988 illustriert das deutlich: Bis auf wenige Ausnahmen wurden nur Strick-, Koch- und Manikürveranstaltungen angeboten, man widmete sich Kinderunfällen und Pedikürmaschinen. Ein weiterer Termin beschäftigt sich mit der Eheberatung über die Zeit des Armeedienstes, eine dem AIDS-Problem. Gleiche Inhalte spiegelt der Bericht über ein vielbesuchtes Dresdner DFD-Beratungszentrum[176].

Offensichtlich war der DFD in den achtziger Jahren ein Ort, der vor allem von Älteren frequentiert wurde. Der DFD war in Wohngebieten, nicht aber in Betrieben angesiedelt. Das breite Angebot von Themen rund um Haushalt und Familie lassen den Eindruck erscheinen, dass sich die Aktivitäten des DFD in erster Linie an Frauen mit Familie richteten, Beratungsangebote als Hilfsangebot nach Abtreibungen drehten sich um die Reproduktionsfähigkeit der Frau. Festangebote für Frauen wiederum und Maßnahmen in Wohngebieten zielen auf *alle* Frauen ab. Es bieten sich keine Anhaltspunkt dafür, dass der DFD alleinstehende oder lesbische Frauen als Zielgruppe im Sinn hatte.

---

171 ibd.

172 Gewalt in der Familie etwa

173 Hampele 1991

174 Kuhrig 1998

175 Archiv Grauzone A1/0714

176 Kopfe 1987

III Die Lebensrealität homosexueller Frauen in der DDR

In den achtziger Jahren war die Lebensrealität des Großteils der Frauen der DDR durch ihre Erwerbstätigkeit geprägt[177], wodurch ihre wirtschaftliche Unabhängigkeit gewährleistet war. Die Zahl von Frauen in höheren Ebenen und Leitungspositionen war jedoch sehr klein[178], die Bezahlung in typischen Frauenberufen[179] gering. Vielfach bestanden Ressentiments gegenüber weiblichen Vorgesetzten[180]. In politischen Entscheidungsorganen und -funktionen von Partei und Staat waren Frauen weder ihrem Mitgliederanteil in den Parteien noch ihrer Bedeutung für die Volkswirtschaft entsprechend vertreten[181].

In der DDR gab es eine Vielzahl sozialpolitischer Maßnahmen für Familien, aber auch für Alleinerziehende, von denen auch lesbische Mütter profitierten. Es existierte ein weitreichendes Netz von Einrichtungen zur Kinderbetreuung während der Arbeitszeit[182]. Das Interesse des Staates an gesellschaftlichen Aktivitäten aller Art förderte auch für Frauen über die Berufstätigkeit hinaus kulturelle, soziale und politische Aktivitäten außerhalb der Familiengemeinschaft. Den Lebenslauf der meisten Frauen in der DDR kennzeichnete die frühe Eheschließung und Mutterschaft. Grund dafür war die Ausrichtung der ganzen Gesellschaft auf Heterosexualität und Ehe, was durch das Drängen von Verwandtschaft und Umfeld noch verstärkt wurde[183]. Daraus erklärt sich, dass auch die meisten lesbischen Frauen zumindest kurz verheiratet gewesen waren und oft Kinder hatten[184]. Die Lösung dieser Ehen stellte keine große Hürde dar, begünstigend dafür waren die ökonomische und soziale Unabhängigkeit der Geschlechter und die sozialpolitischen Maßnahmen für Alleinerziehende[185].

Für homosexuelle Partnerschaften gab es in der DDR weder eine institutionalisierte Form noch positive Vorbilder[186], wo sich Heterosexuelle bereits an ihren Eltern und großen Teilen ihrer Umwelt orientieren konnten. Die Partnerinnenfindung und Kontaktaufnahme zu Gleichge-

---

177 Anfang der achtziger Jahre waren über 80%, 1989 mehr als 90% der erwerbsfähigen Frauen in der DDR berufstätig.

178 Dölling 90

179 im Handel, Kindergärten o.ä.

180 Waberski 1997

181 Hampele 1993

182 Dölling 1990

183 Sillge 1990; Studie 1985

184 Karstädt 1996; Sillge 1989; Hansen 1991

185 Winkler 1990

186 Sillge 1989(2)

sinnten gestaltete sich für lesbische Frauen schwierig. In der Folge lebten viele lesbische Frauen isoliert[187]. Einschlägige Treffpunkte gab es Ende der siebziger, Anfang der achtziger Jahre nicht. Die Treffmöglichkeiten in Berlin und anderen großen Städten bildeten sich im Laufe der achtziger Jahre heraus. Lesbische Frauen auf dem Lande und in kleineren Städten hatten theoretisch die Möglichkeit, sich brieflich an diese Gruppen zu wenden und über diesen Weg andere Frauen in ihrer Umgebung kennenzulernen. Es war aber nicht einfach, von der Existenz dieser Gruppen zu erfahren, da deren Öffentlichkeitsarbeit nicht sehr weit reichte. Auf Kirchentagen und ähnlichen Veranstaltungen, auch in gewöhnlichen Gottesdiensten oder Kontakten zu Pastoren war hingegen die Möglichkeit gegeben, Informationen über homosexuelle Kreise zu erlangen. Ab 1985 boten sich auch Ehe- und Sexualberatungsstellen als Ansprechpartner an. Allerdings gab es hier wenig kompetente Beratung für Fragestellungen rund um Homosexualität, ebenso wie praktizierende Psychotherapeut/innen lesbischen Frauen nur bedingt helfen konnten. Konflikte im Erkennen der eigenen Identität und der Selbstakzeptanz konnten nicht angemessen unterstützt werden[188]. Es wurden jedoch Programme von Arbeitsgemeinschaften und Klubs weitergegeben, „unter der Hand" auch Informationen von Kreisen bei der Evangelischen Kirche. Wie das Angebot angenommen wurde zeigt sich an den Zahlen für Gera: 1987 waren hier 6,2% der Ratsuchenden Homosexuelle gewesen, Männer in der deutlichen Überzahl. Gleiches gilt für Leipzig, hier hatten von 1985-1990 79 Schwule und 17 Lesben Hilfe gesucht. Meist wurden die Beratungsstellen aufgesucht wegen Schwierigkeiten bei Partnerinnensuche und Kinderwunsch, 2/3 der lesbischen Frauen suchten Rat, da sie verheiratet waren[189]. Angemessene Freizeitangebote für Homosexuelle gab es ebenso wenig wie die Möglichkeit, sich öffentlich zu artikulieren[190]. Tanzveranstaltungen und andere Geselligkeiten wurden bis Mitte der achtziger Jahre nicht genehmigt. Häufig fanden sie getarnt als Familien- und Brigadefeiern statt, was nicht immer gelang[191]. Bei Veranstaltungen in den meisten „allgemeinen" Bereichen kamen Homosexuelle nicht vor. Allgemein bekannte Treffpunkte fehlten. Lediglich in Berlin, Dresden und Leipzig existierten informelle Schwulenkneipen - deren Existenz aber auch erst eruiert werden musste. Diese Art von Begegnungsmöglichkeiten wurde von Lesben weniger frequentiert. Die

---

187 Schenk 1990
188 Karstädt 1996
189 Waberski 1997
190 Studie 1985
191 Sillge 1991

Gründe sind die Sozialisation von Frauen auf das Private, die weniger gute materielle Lage von Frauen und ihr geringes Freizeitkontingent[192].

Seit 1980 zeichnete sich eine Trendwende zur Liberalisierung ab. Lokale wurden nicht mehr wegen „Renovierung“ geschlossen, wenn sie als Homosexuellen-Treffpunkte bekannt wurden[193]. In Berlin bot eine Diskothek regelmäßig schwul-lesbische Veranstaltungen an. Die Aktivitäten der bei staatlichen Institutionen und Kirchen angesiedelten Gruppen prägten die Szene der Hauptstadt.

Eine öffentliche Diskussion zum Thema weibliche Homosexualität entwickelte sich spärlich, abgesehen von Diskursen in der evangelischen Kirche, die aber nur eine verhältnismäßige Anzahl von Menschen erreichten. In den Schulen war im Rahmen der Sexualerziehung keine Aufklärung über oder Beratung für Homosexuelle vorgesehen, ebenso wenig wie Weiterbildungen von Erziehern zu diesem Thema[194]. Für Betroffene blieb der Mangel an Identifikationsmöglichkeiten bestehen. Wiederum waren es die sich in den achtziger Jahren gründenden Selbsthilfegruppen, die hier einen Rahmen zur Beratung und Vorbildfindung geben wollten - von deren Existenz aber landesweit und außerhalb der Kirchenöffentlichkeit nur wenig bekannt wurde. In den achtziger Jahre war es in weiten Teilen üblich, weibliche Homosexualität zu ignorieren[195]. Lesbisches Leben war in der Öffentlichkeit unsichtbar[196].

Die primär gesellschaftliche Bezogenheit des Individuums, das sozialistische Menschenbild und das offizielle Frauenbild erschwerte es lesbischen Frauen, sich von ihrer Sozialisation zu emanzipieren. Die lesbische Frau musste gegen die Ablehnung der Homosexualität ankämpfen, ihre eigene Erziehung hinter sich lassen und aus dem alternativlos vermittelten Ideal der ehelichen Gemeinschaft herauskommen.

Ablehnung war eine häufige Reaktion auf das Bekenntnis zur Homosexualität. Die meisten Lesben in der DDR verheimlichten daher ihre Neigung selektiv oder absolut. Viele lebten allein, da häufig der Rückhalt im Umfeld fehlte[197]. Die Lösung der Widersprüche im Kontakt zu anderen Homosexuellen war kaum möglich[198]. Erst mit der Entstehung

---

192 Studie 1985
193 Kokula 1990
194 Bach 1989b
195 Nastola 1999
196 Schenk/Körzendörfer 1989
197 Schenk 1990
198 Sillge 1988

der entsprechenden Gruppierungen[199], fielen diese Schwierigkeiten wenigstens in größeren Städten weg. Unter den Liberalisierungstendenzen der achtziger Jahre verbesserten sich viele Details. Die Aufklärung über Homosexualität in den Medien wuchs, ab Mitte der achtziger Jahre wurde es theoretisch möglich, als lesbisches Paar gemeinsamen Wohnraum zu bekommen, wenigstens in größeren Städten.

Die Partnerinnenfindung per Kontaktanzeige war bis Ende der siebziger Jahre in verschiedenen Zeitschriften möglich[200]. 1982 veröffentlichte die Berliner Zeitung drei Monate lang gleichgeschlechtliche Inserate. Nach 1983 wurden die Möglichkeiten zur Aufgabe von Kontaktanzeigen eingeschränkt, Homosexuelle, die dennoch inserieren wollten, wurden registriert[201]. Seit 1985 war es wieder möglich, homosexuelle Anzeigen in zentralen Zeitungen aufzugeben[202]. Auch danach gestalteten sich solche Absichten nicht unproblematisch: 1987 hätte es fast gar keine gleichgeschlechtlichen Kontaktanzeigen in DDR-Zeitungen gegeben[203]. Grundsätzlich hing diese Möglichkeit ab vom Wohlwollen der Chefredaktion und der politischen Lage, die Leipziger Volkszeitung etwa lehnt die Veröffentlichung gleichgeschlechtlicher Anzeigen ab, sie habe „andere ethische Grundnormen“[204]. Im Fall der Aufnahme solcher Inserate waren dennoch keine eindeutigen Formulierungen zulässig. Codes wie „Frau sucht zärtliche Freundin“ mussten verwendet werde. Eingeweihte[205] verstanden diese - alle anderen tappten im Dunkeln[206]. Darüber hinaus waren die Wartezeiten exorbitant: bei der „Wochenpost“ dauerte es etwa 26-28 Wochen, bis eine Annonce erschien.

Die häufige Ablehnung, die Homosexuellen entgegenschlug, wurde auch damit erklärt, dass Homosexuelle nicht dem Vorstellungsbild vom ‚richtigen‘ Mann bzw. der ‚richtigen‘ Frau entsprächen[207]. Wesentlichen Erwartungen an die soziale Rolle als Frau versuche die lesbische Frau lange zu entsprechen - bis sie feststelle, dass sie es nicht mehr

---

199 Hansen 1991

200 d.h. nur in solchen, in denen Anzeigenrubriken wie Bekanntschaften, Briefwechsel etc, existierten. Unter Partnerschafts- bzw. Heiratsannoncen wurden grundsätzlich nur gegengeschlechtliche Inserate aufgenommen. Somit war die Möglichkeit der Kontaktaufnahme im Jugendmagazin „neues leben“ stets ausgeschlossen.

201 Hansen 1991

202 Sillge 1991

203 Krug 1988

204 LVZ MfS 1985

205 d.h. Frauen mit Erfahrung im Umgang mit Anzeigen und das MfS

206 Hansen 1991

207 Günter Grau in Wochenpost 4/87

könne. Das bedeute aber auch, dass sie im gesellschaftlichen Sinne ihre soziale Geschlechtsidentität verlöre. Die lesbische Frau sei durch ihre Ablehnung gegenüber der Zuordnung zu einem Mann weiterhin dem Vorurteil unterworfen, sie habe keinen „abbekommen". Wer vom vorherrschenden Männlichkeitsideal oder Weiblichkeitsideal abweiche, bekäme auch seine Männlichkeit oder Weiblichkeit abgesprochen. Diese sozialen Mechanismen hätten letztlich bewirkt, dass Schwulen und Lesben häufig eine positive Identifizierung mit ihrer Sexualität nicht gelänge[208]. Der Grundkonflikt entstehe also daraus, dass Homosexuelle gezwungen würden, ein Rollenmodell geschlechtsspezifischen Verhaltens anzunehmen[209].

Diese Konflikte zwängen Menschen in ein gespaltenes Leben[210]. Die verinnerlichte Ablehnung des Homosexuellen sei das Hauptproblem und entstünde durch die einseitig heterosexuelle Erziehung sowie der Reaktion von Seiten der Mehrheitsgesellschaft [211]. Das Aufwachsen in einer heterosexuellen Umgebung und die dahingehende Sozialisation drängten auf die Übernahme heterosexueller Rollen, gemäß ihrem sozialen Geschlecht. Homosexuelle geraten in Konflikte, wenn sie wegen ihrer Neigungen negativen Sanktionen unterlägen. Familiäre und berufliche Konflikte, und auch den Griff zum Alkohol erlebten Homosexuelle häufiger als Heterosexuelle[212]. Die Reaktion darauf sei oft der Rückzug in die private Sphäre und ängstliches Verstecken[213].

Die Lage in der DDR war geprägt von wechselseitigen Zusammenhängen zwischen dem Fortgang der wissenschaftlichen Meinungsbildung zum Thema Homosexualität und den Bemühungen Homosexueller selbst um Artikulation und deren Emanzipation[214]. Die Informationen über die Möglichkeit und Existenz lesbischer Beziehungen sowie ihrer ethischen Bewertung waren in der DDR spärlich. Homosexualität im allgemeinen und die von Frauen im besonderen kam in der Regel weder in der familialen Erziehung noch in Einrichtungen des Bildungswesens vor.

Das Coming out der Frauen stellte so eine komplizierte Umbruchphase dar[215].

---

208 ibd.
209 Werner 1987
210 Dauenheimer 1987
211 Die Suizidrate Homosexueller war in der DDR etwa fünf mal so hoch wie unter der Restbevölkerung. In: Werner 1987
212 Studie 1985
213 ibd.
214 Nastola 1999
215 Schenk in Senat 1991

Die erschwerte bzw. verhinderte Selbstwahrnehmung als lesbische Frau führt häufig dazu, dass Frauen sich in heterosexuellen Beziehungen versuchten bzw. in ihnen verblieben. Die Gewissheit, „anders" zu sein, bedeutete auch, den eigenen Erwartungen und denen des Umfeldes nicht mehr zu entsprechen. Verinnerlichte Normen werden so in bestimmten Aspekten in bezug auf die eigene Person als nicht gültig erkannt, das Verhältnis zu Eltern, Verwandten, Freunden und Bekannten wandelt sich. Die Vorstellungen über das künftige Leben müssen eine Modifizierung erfahren. In dieser Situation wird es notwendig, mit jemandem sprechen zu können und ggf. Rat und Hilfe zu bekommen. Das soziale Umfeld begegnet lesbischen Lebensäußerungen in der Regel mit Ablehnung. Häufig wird die erklärte Homosexualität verleugnet, entweder nicht zur Kenntnis genommen oder die Ernsthaftigkeit ihrer auf Frauen gerichteten Emotionen in Frage gestellt. Kontakte werden eingeschränkt oder abgebrochen. Toleranz wurde oft nicht erwartet. Da in der Familie im Falle der Ablehnung der Homosexualität mit dem Verlust an Zuwendung und Geborgenheit gerechnet wird, unterblieb häufig in diesem Rahmen eine Offenbarung des Lesbisch-Seins[216].

Nahezu jede lesbische Frau ist am Beginn ihres Coming out mit dem Gefühl konfrontiert, mit ihren Erfahrungen und Bedürfnissen allein zu sein. Für Lesben war es problematisch, eine Neubestimmung der eigenen Lebensperspektive hinsichtlich Partnerschaft und auch Mutterschaft vorzunehmen[217]. Selbstbewusstsein und emanzipatorisches Selbstverständnis konnten sich unter diesen Bedingungen kaum entwickeln, an öffentliche Selbstäußerung bzw. Selbstorganisation war aufgrund der restriktiven Auslegung zivilrechtlicher Bestimmungen kaum zu denken.

Lesbische Lebensweise machte erpressbar. Der Überwachungsapparat hatte Lesben mit Kindern oder in einem öffentlichen Beruf „erfasst": Kritischen Genossinnen wurde ihre Lebensweise so zum „Stolperstein" in der Karriere[218].

Politisch goutiert wurde die homosexuelle Lebensweise nicht, so äußert sich Hermann Axen[219] 1984: „Wir trennen uns von all denen, die ein falsches Verhältnis zu unserem Staat, zur Arbeit und zum anderen Geschlecht haben"[220].

---

216 ibd.

217 Schenk in Senat 1991

218 Bohne 1991

219 Sekretär des Zentralkomitees der SED

220 zitiert nach Nastola 1999, S. 101

Juristisch gesehen war Homosexualität nicht strafbar, eine Ungleichbehandlung gegenüber Heterosexuellen bestand durch das höhere Schutzalter festgelegt in §151 StGB dennoch. Die Streichung des §151 StGB gab nur geringe Impulse für den Bewusstseinswandel über die formale Entkriminalisierung hinaus, da nur wenige von dieser Maßnahme erfuhren[221].

221 Bohne 1991

IV Lesbisches Engagement in Berlin/DDR 1978-1989

IV.1 Die Entwicklung homosexuellen/lesbischen Engagements in der DDR

Die Entwicklung lesbischen Engagements ist eng verknüpft mit der Herausbildung homosexueller Emanzipationsbestrebungen und der Entstehung informeller Frauengruppen in der DDR.

In der DDR gab es keine sichtbare und öffentlichkeitswirksame Frauenbewegung[222]. Es bildete sich jedoch mit den untereinander lose verbundenen informellen Frauengruppen unter dem Dach der Evangelischen Kirche in den verschiedenen Orten der DDR ein Netzwerk. Dieses Netzwerk firmierte später als „nichtstaatliche Frauenbewegung der DDR"[223]. Diese Bewegung konstituierte sich aus 200 bis 300 Frauen, die an kleinen Gruppen mit stark begrenzten Aktions- und Mobilisierungsmöglichkeiten beteiligt waren, die miteinander in Kommunikation standen sowie Treffen und Aktionen organisierten. Ihre Entwicklung ist durch drei Themenbereiche gekennzeichnet: die feministische Theologie, Frauenfriedensgruppen und die lesbischen Frauen in kirchlichen Arbeitskreisen[224]. Katalysator dieser „nichtstaatlichen Frauenbewegung" waren die „Frauen für den Frieden". Diese Gruppe war die erste Mobilisierung von Frauen, die auch eine gewisse Sichtbarkeit erreichte. Sie entstand in Reaktion auf das Wehrdienstgesetz, das am 25.2.1982 von der Volkskammer verabschiedet worden war. In Reaktion darauf unterzeichneten 150 Frauen im Oktober eine Eingabe, worauf Repressionen und die „Bearbeitung" durch das Ministerium für Staatssicherheit erfolgten. Es wurde Druck ausgeübt, die Unterschrift auf die Eingabe zurückzuziehen[225].

Die meisten ihrer öffentlichen Aktionen gestalteten sich von 1982-1985. Dazu gehörten Bitt- und Klagegottesdienste, Briefaktionen gegen das Wehrdienstgesetz, ein „Fasten für Leben und Frieden" und ein symbolisch gestaltetes „Massensterben" auf dem Alexanderplatz[226]. Teils im Zusammenhang damit, teils unabhängig davon entstanden unter dem Dach der Evangelischen Kirche weitere Frauengruppierungen. Über Konferenzen, Foren, Workshops, Kirchentage und Mitarbeitertreffen der Evangelischen Kirche wurde Kontakt zwischen dem im kirchlichen

---

222 Schenk 1991
223 Kenawi 1994
224 Hampele 1993
225 Miethe 2002
226 Winkler 1990

Raum agierenden Frauengruppen hergestellt und gepflegt[227]. Mit ihrer zunehmenden Zahl entstand der Wunsch nach Vernetzung. Ab 1984 wurden DDR-weite Frauengruppentreffen organisiert, die in jedem Jahr in verschiedenen Städten stattfanden. Dabei kam es z.T. zu Konflikten zwischen Gruppen, die sich als politisch, und solchen, die sich als feministisch verstanden. Viele Friedensfrauen zogen sich zurück, es kam zu Ausdifferenzierungen[228]. Gegen Ende der achtziger Jahre wurden kirchenöffentlich eigene Zeitungen herausgegeben. Von 1987-1988 erschien das „Lila Band", ab 1988 „Das Netz", eine Zeitung zu feministischer Theologie. Ab 1988 bereitete die Jenaer Lesbengruppe die Konzeption einer eigenen Zeitung hervor, unterstützt von der Evangelischen Studentengemeinde und das Evangelische Frauenwerk Jena, ab Januar 1989 wurde zweimonatlich das Informationsblatt „frauAnders" veröffentlicht. Dieses erschien wie die anderen Blätter auch mit dem Vermerk „Nur für den innerkirchlichen Gebrauch"[229], der die Zeitungen gleichzeitig vor staatlichen Eingriffen und Zensur schützte, sie aber auch von einer breiteren Öffentlichkeit fernhielt. „frauAnders" spielte eine wichtige Vernetzungsfunktion. Alle Arbeitskreise Homosexualität mit Frauenanteil bezogen die Zeitung.

Dabei unterschieden sich die Frauen aus den verschiedenen Themenkreisen auch nach ihrer Generation: die Friedensfrauen stammten aus den Jahrgängen der vierziger bis Mitte der fünfziger Jahre. Die Aktivistinnen feministischer Frauenkreise waren jünger, Ende der fünfziger bis Mitte der sechziger Jahre geboren[230].

In der politischen Wende formierten sich die Gruppen neu[231]. Auf lokaler Ebene entstanden Initiativen wie der Erste Weibliche Aufbruch (EWA) in Berlin. Im Herbst 1989 trugen Kreise wie die „Frauen für den Frieden" um Ulrike Poppe, Bärbel Bohley und andere zur Bildung bürgerrechtlicher Gruppen bei. Vor allem feministische Frauen- und Lesbenkreise gingen im Dezember 1989 im Unabhängigen Frauenverband auf[232].

Die Homosexuellengruppen bewegten sich stets im Spannungsfeld kirchenöffentlicher und gesellschaftlicher Räume.

Anfang der siebziger Jahre gründeten sich die ersten schwul-lesbischen Initiativen in der DDR. Von offizieller Seite verhielt man sich mehrheit-

227 Hampele 1993
228 Miethe 2002
229 Waberski 1997.
230 Miethe 2002
231 Gerhard 2003
232 Miethe 2002

lich ablehnend diesen Bestrebungen gegenüber. Anträge auf Zulassungen als Vereinigung wurden abgewiesen, Genehmigungen für Veranstaltungen nicht erteilt[233]. Bei der Interessenvertretung der Frauen, dem Demokratische Frauenbund Deutschlands, wurde Homosexualität nicht thematisiert. Ein Anlaufpunkt für lesbische Frauen wurde er nicht[234].

Als Treffpunkt für lesbische Frauen erbot sich in den siebziger Jahren in Berlin allein das Institut für Psychologie und Neurosenforschung im Berliner Haus der Gesundheit. Seit 1973 gab es Versuche, dort eine Selbsterfahrungsgruppe aufzubauen[235]. Der Einrichtung war vor allem an Forschung gelegen, den Frauen, die die Gruppen besuchten, an einem öffentlichen Anlaufpunkt. Befragungen der Gruppe durch Psychologen, Blutabnahme zwecks Hormonuntersuchungen und andere körperliche Untersuchungen führten zu Differenzen und letztlich zur Auflösung der Gruppen. Bei der neuerlichen Zusammenstellung eines Selbsterfahrungskreises 1979 waren Untersuchungen ebenfalls vorgesehen. Vorbedingung für die Besucherinnen war die nicht-anonyme Teilnahme und die Verschwiegenheit nach außen. In den Aufgaben und Zielstellung der Selbsterfahrungsgruppe wurde erklärt, dass hier keine feministische Arbeitsgruppe und auch keine gesellschaftliche Organisationsform für Lesbierinnen intendiert sei[236]. Offensichtlich befürchtete K. Höck, der Chefarzt der Abteilung für Psychotherapie und Neurosenforschung im Haus der Gesundheit, dass die Frauen andere Ziele als das Haus der Gesundheit verfolgten. Ähnliche Ansichten äußert auch Reiner Werner 1987: „gelegentlich ufern gar dem Grunde nach berechtigte Forderungen [lesbischer Frauen, S.K.] in feministische Überhöhungen spezieller Ansprüche aus“[237]. Die Gruppe im Haus der Gesundheit löste sich bald wieder auf, als Frauen die Mitarbeit an der Forschung verweigerten. Weitere Gruppenbildungen wurden hier nicht angeregt[238].

Am Anfang des Beobachtungszeitraumes steht hier das geplante Lesbenfest im Gründerzeitmuseum in Mahlsdorf. Im April 1978 planten zwei Frauen, zu einer größere Feier Lesben aus der ganzen DDR einzuladen. Dazu verschickten sie Einladungen an Frauen, die sie über Annoncen aus der „Wochenpost“ kannten, und baten sie Freundinnen

233 Schenk 1991

234 Karstädt 1996

235 Karstädt 1996

236 Höck 1979

237 Werner 1987, S. 128f.

238 Waberski 1997

mitzubringen[239]. Die Briefe blieben nicht unbemerkt, eine Woche vor dem Treffen wurde eine Veranstalterin ins Polizeipräsidium bestellt, um den Sinn dieser Veranstaltung zu klären. Es wurde zugesichert, dass die Treffen stattfinden können. Am betreffenden Abend wurde der Zugang zu den Räumen durch die Polizei versperrt, die bereits angereisten Frauen verteilten sich in umliegenden Gaststätten. In der Folge wurden weitere Zusammenkünfte im Museum verboten[240]. Die große Zahl der anreisenden Gäste hatten das Misstrauen staatlicher Organe hervorgerufen und Anlass geboten, die Feier am gleichen Abend zu verbieten[241]. Sogleich wurden auch Versammlungen und Veranstaltungen jeglicher Art im Gründerzeitmuseum untersagt[242]. In der Folge zogen sich die meisten Frauen zurück.

Homosexuelle Gruppierungen konnten sich lange Zeit auf legale Weise nur in Räumen der Evangelischen Kirche bilden. 1982 gelang es engagierten Schwulen und Lesben gemeinsam, Bemühungen um die Schaffung von Voraussetzungen und Möglichkeiten für Emanzipation eine institutionalisierte und damit öffentlich wahrnehmbare Gestalt zu geben[243]. Die ersten „Arbeitskreise Homosexualität" hatten sich bei evangelischen Gemeinden gebildet. Die Ansiedelung der ersten Gruppe bei der Kirche nahm ihren Anfang nach der Tagung der Evangelischen Akademie Berlin-Brandenburg zum Thema „Theologische Aspekte der Homosexualität" im Februar 1982. Da die Evangelische Kirche den Diskussionsrahmen bot, baten „Betroffene" in dieser Institution um Aufnahme für Selbsthilfegruppen und fanden sie in einzelnen Gemeinden. Die erste entstand im April 1982 bei der Evangelischen Studentengemeinde Leipzig, wie die meisten dieser Gruppen war sie zahlenmäßig von Männern dominiert. Die Anbindung ermöglichte den Gruppen die Möglichkeit zur Öffentlichkeitsarbeit in einem gewissen Rahmen. Es wurde möglich, an Kirchentagen teilzunehmen und die kirchlichen Netzwerke und Medien mitzunutzen. Viele der Besucher homosexueller Kreise bei der Kirche waren nicht religiös. Ihr Hauptanliegen sahen die Arbeitskreise in der Arbeit an der eigenen Selbstakzeptanz, der Verständigung über individuelle Alltagssituationen und deren Bewältigung, und der Überwindung der individuellen Isolation. Gegen die Unsichtbarkeit Homosexueller sollte an der Aufklärung der Mehrheitsgesellschaft gearbeitet werden, wobei die Kirche als Schutzraum ohne die üblichen Normen und Ängste hilfreich war[244]. Das in

239 Sillge 1991
240 ibd.
241 Kleres 2000
242 Charlotte von Mahlsdorf 1992
243 Bohne 1991
244 Dauenheimer 1988

der Folgezeit immer weiter aufgebaute Netz von schwul-lesbischen Arbeitskreisen bot erste Möglichkeiten der Selbsthilfe und Beratung, aber auch zu Geselligkeit und Diskussionen und öffentlichen Aktionen[245].

Die Berliner Selbsthilfegruppen unter dem Dach der Evangelischen Kirche konstituierten sich 1983. Das „Lutherjahr“[246] hatte mit seinen zahlreichen Kirchentagen in Magdeburg, Dresden, Frankfurt/Oder etc. Foren für die Präsentation des ersten Arbeitskreises (Leipzig) geboten. In gemeinsamen Aktionen hatten Theologen wie die Dresdnerin Karin Dauenheimer oder der Leipziger Vikar Eduard Stapel die Kunde von der Möglichkeit homosexueller Kreise bei der Evangelischen Kirche weiterverbreitet. Das Leipziger Beispiel regte ähnliche Versuche in anderen Städten an. In den Arbeitskreisen hatte sich allmählich gezeigt, dass es nicht nur das Problemfeld Homosexuelle und Gesellschaft, sondern auch Gegensätze zwischen Schwulen und Lesben gegeben hatte. Die Frauen hatten festgestellt, dass ihre weibliche Sozialisation tiefer und stärker prägte als ihre Homosexualität[247]. Nachdem der 1983 begründete „Homosexuelle Selbsthilfe Berlin - Lesben in der Kirche“ für Jahre der einzige reine Frauen-Zirkel gewesen war, bildeten sich seit 1987 neue Lesbengruppen, in der Regel als Abspaltung von gemischtgeschlechtlichen Arbeitskreisen. Die Hintergründe sind vielfältig, zum einen hatte sich in den gemischten Gruppen das tradierte Geschlechterrollenverhalten weiter fortgesetzt. Zum anderen waren Frauen in den Kreisen stets in der Minderheit. So blieben lesbenspezifische Themen rar. Die Erwartungen der Frauen an die Gruppe wie der Kontakt zu anderen Lesben und Austausch über besondere Probleme konnten nur bedingt erfüllt werden. Die Schaffung eigener Begegnungsmöglichkeiten war daher folgerichtig. Viele der Frauengruppen arbeiteten seit 1988 weitgehend selbständig. Ab Mai 1989 gab es unabhängige Lesbengruppen in Berlin, Halle, Leipzig, Dresden, Erfurt und Magdeburg. Lesbische Gruppierungen bildeten sich auch in gemischtgeschlechtlicher Kreisen heraus[248]. Durchschnittlich gehörten 10-30 Frauen zum engeren Kreis, die Zahl weiterer Besucherinnen und wechselnder Interessentinnen waren von nicht feststellbaren Zahl[249].

---

245 Schenk 1991a

246 Der 500. Geburtstag Martin Luthers wurde mit zahlreichen Kirchentagen und auch Würdigungen staatlicherseits und in den Medien gefeiert. Mehr bei Schröder/Peter 1993

247 Dauenheimer 1991

248 Körzendörfer 1993

249 Bohne 1991

Seit Mitte der achtziger Jahre gab es regelmäßig regionale und überregionale Lesben- und Frauenfeste, die lesbische Vernetzung über Arbeitstreffen und Tagungen hinaus förderten. Lesbische Frauen in Dresden trugen mit ihrer Initiative zur Planung für das „Dresdner Frauenfest" bei, das seit 1985 unter republikweiter Beteiligung drei Mal stattfand[250]. Das erste dieser Feste in Räumlichkeiten der Evangelischen Kirche hatte das Thema „Lesbische Liebe in der Literatur".

Im Oktober 1988 wurde in Jena die erste Lesbenwerkstatt der DDR durchgeführt, die zu einem landesweiten Aktivistinnentreffen wurde. Im Jahr 1989 wurde in Jena eine Lesbenschreibwerkstatt durchgeführt[251]. So gestaltete sich in Hinblick auf den inaktiven DFD eine alternative „Frauenbewegung"[252].

Die Vernetzung der homosexuellen Arbeitskreise beider Geschlechter bei der Evangelischen Kirche gestalte sich in der ersten Zeit durch private Kontakte. Seit 1983 geschah dies republikweit über Zusammenkünfte wie den Mitarbeiter/innentreffen (MAT) der Arbeitskreise Homosexualität und deren Koordinierungsgruppe in verschiedenen Städten. Gäste aus „außerkirchlichen" Klubs waren willkommen. Innerhalb Berlins gab es eine eigene Kontaktgruppe aller Vereinigungen. Veranstaltungstermine wurden hin und wieder voneinander übernommen.

Auch auf internationaler Ebene gab es Austausch mit homosexuellen Interessenvertretungen anderer Länder Osteuropas, koordiniert von der Homosexuellen Initiative Wien (HOSI), im Rahmen des Eastern European Information Pool. An die International Lesbian and Gay Association waren DDR-Gruppen nicht angeschlossen, nahmen aber 1989 an deren Konferenz in Wien teil.

Ab Mitte der achtziger Jahre konnten sich bereits existierende Kreise in Jugend- und Werktätigenklubs ansiedeln bzw. dort neu gründen. Für die Klubs und Arbeitsgemeinschaften hatte damit eine z.T. jahrelange Gratwanderung ein Ende. Arbeitsgemeinschaften etablierten sich zunächst in Berlin, Potsdam, Dresden und Weimar in Zusammenarbeit mit staatlichen und gesellschaftlichen Institutionen, im Rahmen von Jugendklubs, städtischen Kulturhäusern und Ortsgruppen des Verbandes der Freidenker[253]. Der Sonntags-Club konnte sein Programm ab 1986 in einem Jugendklub, später auch in Klubs der Werktätigen gestalten.

---

250 Hampele 1993

251 Waberski 1997

252 ibd.

253 Körzendörfer 1993

Am Ende der achtziger Jahre unterstützte die FDJ im Rahmen ihrer jugendpolitischen Integrationsbemühungen auch Schwulen- und Lesbeninitiativen in staatlichen Freizeithäusern. Dafür gab es mehrere Motivationen: zum einen die Gestaltung von Freizeit- und Begegnungsmöglichkeiten mit dem Ziel der Integration in die „sozialistische Gesellschaft", zum anderen wollte man das Feld nicht der Kirche allein überlassen[254]. Die Lesben und Schwulen, die im letzten Drittel der achtziger Jahre im außerkirchlichen Rahmen zusammenfanden, hatten mehrheitlich ihre Integration in die Gesellschaft als Ziel. Geschlechtsspezifische Anliegen wurden über diese Gruppen nicht nach außen getragen, getrennte Lesben- und Schwulenkreise gab es nicht und wurden auch nicht intendiert. Hier wurde die Ansicht vertreten, dass die Unterdrückung des Homosexuell-Seins sei das über alle sonstigen Differenzen hinweg verbindend sei[255].

Seit der Zeit der Entstehung homosexueller Gruppen außerhalb der Kirche thematisierten auch engagierte Wissenschaftler außerhalb Evangelischer Akademien Homosexualität und die ablehnende Haltung großer Bevölkerungsteile, was sich auch in den Medien niederschlug. Die durchgehende Tendenz der achtziger Jahre, wie Entpathologisierung, Toleranz und Akzeptanz nahm mit jedem Jahr zu. Gespräche über Problempunkte wie gleichgeschlechtliche Kontaktanzeigen, Wohnungsvergabe und Öffentlichkeitsarbeit gewannen an Raum[256]. Lesbische Frauen aus Sonntags-Club und der „Homosexuellen Selbsthilfe" waren an der 1984 begründeten Interdisziplinären Arbeitsgruppe Homosexualität an der Humboldt-Universität Berlin und auch an den Vorbereitungen zu den Tagungen „Psychosoziale Aspekte der Homosexualität" 1985-1990 beteiligt[257]. Diese Gemeinschaftstagungen wurden von der „Sektion Ehe und Familie der Gesellschaft für Sozialhygiene der DDR" und der „Sektion Andrologie der Gesellschaft für Dermatologie der DDR" veranstaltet. Erstmals wurde Homosexuellen eine Möglichkeit zur Artikulation in einem solchen Rahmen geboten, was eine Zäsur zur bisherigen Praxis darstellte. Die Tagung war vor allem eine Situationsbeschreibung homosexueller Realität. Das Bild war geprägt von Kompromissbereitschaft und Vorschlägen für Veränderungen, aber auch von Argumenten für staatliches Agieren und Tabuisieren. Die Beiträge der Tagungen 1987 und 1990 zeigten eine differenzierte Themenvielfalt[258]. Im weiteren kam es auch zur koopera-

254 Hampele 1993
255 Schenk 1991a
256 Hansen 1991
257 Karstädt 1996
258 Nastola 1999

tiven Zusammenarbeit Heterosexueller und Homosexueller mit Vertreter/innen der Sozialhygienischen Gesellschaft der DDR.

Die verschieden homosexuellen Gruppen in der DDR ähnelten sich in ihren konkreten Forderungen. Ziel war es, Diskriminierungen gegenüber Homosexuellen zu beenden und die Akzeptanz dieser Lebensweise bei der Mehrheitsbevölkerung zu steigern. In vielen Zusammenschlüssen fand eine kritische Analyse gesellschaftlicher Voraussetzungen für Homophobie statt. Schlusssatz aller Überlegungen war es, dass die gesellschaftlichen Strukturen Hintergrund für Diskriminierungen waren. Je nach Verortung der Gruppe wurden solche Erkenntnisse verschieden nuanciert formuliert. Eine Ablehnung des gesellschaftlichen Systems der DDR fand nirgendwo statt. Gruppierungen mit Anbindung an gesellschaftliche Institutionen beurteilten gesellschaftliche Umstände staatsnäher. Sie forderten die Integration Homosexueller als Notwendigkeit, um dem Sozialismus zu seiner Entfaltung zu verhelfen. Auf diese Weise argumentierte etwa Bert Thinius1985 auf dem ersten Workshop „Psychosoziale Aspekte der Homosexualität"[259].

Der staatliche Umgang mit dieser Entwicklung ist durchwachsen. Einerseits wurden im Laufe der Jahre immer mehr Zugeständnisse gemacht, zum Beispiel gleichgeschlechtliche Kontaktanzeigen ermöglicht. Auch Wohnraumvergabe für homosexuelle Paare wurde prinzipiell möglich. Dabei kam es jedoch stets auf das Wohlwollen der jeweiligen Sachbearbeiter an. Die Verwirklichung juristischer Gleichbehandlung Homosexueller durch die Streichung des §151 StGB ließ bis 1989 auf sich warten. Homosexuelle Interessengemeinschaften trafen von offizieller Seite auf Widerstand, etwa im Ministerium für Staatssicherheit. Dort wurde beabsichtigt, die Bildung einer Homosexuellen-Organisation in der DDR zu verhindern, die Richtlinie von 1985 blieb theoretisch bis 1989 gültig[260]. In den Kreisen angestellte Überlegungen, dass Diskriminierungen in gesellschaftlichen Strukturen lag, oder die Ansicht, dass lesbische Frauen besonders benachteiligt aufgrund nicht verwirklichter Gleichberechtigung seien, dem Staatsapparat ebenso suspekt wie die Tatsache, dass sich Menschen in Eigenregie zusammengetan hatten[261]. In Reiner Werners Buch zur Homosexualität spiegelt sich die offizielle Sicht auf homosexuelles Engagement so zusammen: „Andere drängen nach gettoisierten Kommunikationsstätten, sogenannten Homo-Clubs, wo eine erneute soziale Ausgrenzung stattfindet"[262].

---

259 Kleres 2000
260 MfS zur Homosexuellenorganisation 1985
261 Kleres 2000
262 Werner 1987, S. 166

Das Ministerium für Staatssicherheit (MfS) wertete die Kreise als Erscheinungsform politischer Untergrundtätigkeit und observierte sie[263]. Seit 1982 richtete sich das MfS gezielter gegen Arbeitskreise Homosexualität. Innerhalb des MfS war die Hauptabteilung XX für Staatsapparat, Kultur, Kirche und Untergrund (HA XX) zuständig für „politische Untergrundtätigkeit" (PUT), der man 1983 Homosexuellen-Gruppierungen zuordnete. Maßnahmen gegen diese Kreise beinhalteten Rufschädigung, Telefonüberwachung und Postkontrolle. Informelle Mitarbeiter (IM) wurden gewonnen. Obgleich der Frauenanteil an Informellen Mitarbeitern nur bei 5-10% lag, wurden auch IM für lesbische Kreise gefunden und angeworben. Kirchliche wie nichtkirchliche Gruppen waren gleichermaßen von solchen Maßnahmen betroffen. Sie wurden zu „Sicherheitsrisikogruppen" erklärt, in Datensammlungen erfasst und in ihrer politischen Arbeit behindert[264]. Den Gruppen war dabei ihre Observierung bewusst. Die Zersetzungsmethoden des MfS kamen auch in lesbischen Arbeitskreisen zur Anwendung[265], auch wenn es keine besondere operativ-psychologische Strategie gegenüber Frauen gab[266]. Renate Ellmenreich[267] zitiert Berichte des MfS zu selbständigen Frauengruppen: „Die Frauengruppe in [...] ist ca. 20 Mann stark. Wer sie leitet, ist unklar. Bisher hat sich weder ein zuständiger Pfarrer noch ein anderer Angehöriger der Kirche (Vikar oder Katechet) blicken lassen." Die bei den Treffen anwesenden Katechetinnen und Theologinnen wurden also entweder geflissentlich übersehen oder nicht ernst genommen. An weiterer Stelle heißt es: „Beim Betreten des [...] Hauses in [...] stellte sich für mich ein schauerliches Bild dar. Auf den Gängen waren Frauen, die sich küßten überall befummelten und machten aus diesen Beziehungen kein Geheimnis."[268]

Im Jahr 1983 wurde ein Maßnahmenkatalog als Richtlinie formuliert, welcher die „grundsätzliche politisch-operative Aufgabenstellung zur Verhinderung des politischen Mißbrauchs homosexuell veranlagter Personen" enthielt. Darin waren die Forderungen enthalten, konkrete Hinweise zu Homosexuellen unter Nutzung von Kontakten zur Kripo, zu Ärzten, zu Psychologen der Ehe- und Sexualberatungsstellen zu erarbeiten. Vorhandene IM sollten genutzt werden, um den innerkirchlichen Widerstand gegen homosexuelle Gruppen zu stärken. Die „operative Bearbeitung" von Organisatoren und Inspiratoren war gleich-

263 Brühl 2006, Körzendörfer 1993

264 Waberski 1997

265 Karstädt 1996

266 Ellmenreich 1994

267 a.a.O., S. 16

268 ibd.

falls vorgesehen[269]. Neben der Überwachung wurde durch das MfS versucht, die Artikulation homosexueller Interessenvertreter zu unterdrücken. Versuche, Kranzniederlegungen zu Ehren homosexueller Häftlinge in Nationalen Mahn- und Gedenkstätten zu gestalten, riefen den Sicherheitsdienst gleichermaßen auf den Plan. Zum Teil geschah dies in Zusammenarbeit mit dem Komitee der Antifaschistischen Widerstandskämpfer in der DDR, etwa bei der Verhinderung einer Kranzniederlegung zu Ehren homosexueller Häftlinge im ehemaligen Konzentrationslager Sachsenhausen im Juli 1984[270]. Gerade diese Ehrungen aber wurden zur bevorzugten Maßnahme von Öffentlichkeitsarbeit durch homosexuelle Gruppierungen[271]. Der neuralgische Punkt für den Staat DDR war dabei die Vereinnahmung von Symbolen, die Teil des Gründungsmythos der DDR und Zeugnis ihrer antifaschistischen Gesinnung waren[272].

Unter den Teilnehmerinnen der Gruppen waren überwiegend jüngere Frauen und die mittlere Generation, die Altersgruppen von 25-30 Jahren. Ältere Lesben zeigen sich nur als verschwindende Minderheit. Das ist auch der Fall bei den DDR-offenen Lesbentreffen, Frauenfeten und Akademietagungen zum Thema „Homosexualität", die jährlich in Dresden, Halle, Leipzig, Erfurt, Jena und Magdeburg stattfanden. Der Grund für das Fehlen älterer Generationen war deren Prägung in vergangenen Zeiten. Die 1989 60-80jährigen Lesben waren von drei Zäsuren der deutschen Geschichte geprägt, der Weimarer Republik, dem Faschismus und der DDR-Gesellschaft. Die relative kulturelle Freiheit der Weimarer Republik bot den in den achtziger Jahren 80jährigen trotz bürgerlicher Moralnormen der Gesellschaft doch Freiräume für ihre Identitätsfindung als Lesben - zumindest in den Großstädten. Mit der nationalsozialistischen Ideologie, ihrem Mutterschaftskult und dem Hass auf alles so genannte Normwidrige und der Verfolgung Homosexueller[273] wurde für lesbische Frauen die Entwicklung von Überlebensstrategien notwendig. Diese waren oftmals von deformie-

---

269 Nastola 1999

270 Waberski 1997

271 Waberski 1997

272 siehe Münkler 2002

273 Diese Behauptung ist nicht unumstritten. Tatsache ist, dass in der Zeit des Nationalsozialismus nach §175 StGB nur männliche Homosexualität strafbar war. Lesbische Frauen waren auch Insassinnen in Konzentrationslagern etc. In der Regel waren sie aber nicht wegen ihrer gleichgeschlechtlichen Neigung inhaftiert worden. Von einer systematischen Verfolgung homosexueller *Frauen* kann nicht gesprochen werden. Eine Ausnahme stellt Österreich aufgrund der auch vor 1938 bestehenden Gesetzeslage dar. Weiteres dazu bei Schoppmann 1997, Schikorra 2001

rendem Charakter. Die in den achtziger Jahren 60-70jährigen hatten ihre Kindheit im gleichen Geist erlebt und teilten mit den 30-50jährigen die Erfahrungen aus der DDR-Geschichte. Frauen der älteren Generation gelang die Integration in die Lesbenbewegung nur selten. In die Lesbengruppen kamen viele Frauen, die einen anderen Weg gewählt hatten: Die Flucht vor sich selbst und der Umwelt in Ehe und Familie oder das ängstliche Verharren im Elternhaus als einzige menschliche Bindung. Die letztere Option entfiel, sobald Kontakte gerade *durch* die Offenbarung, lesbisch zu sein, tief zerstört wurden[274].

IV.2 Die Evangelische Kirche der DDR und die Homosexuellen 1982-1989

Wie kam es zu der Ansiedelung Homosexueller Arbeitskreise bei evangelischen Gemeinden in vielen Städten der DDR?

Die Evangelische Kirche stellte in der DDR eine „Gegenöffentlichkeit" dar, mit eigenen Medien, eigenen Formen der Öffentlichkeit wie den Kirchentagen und eigenen wissenschaftlichen Institutionen, den Evangelische Akademien. Vor allem aber war diese Gegenöffentlichkeit ein Raum, der sich weitgehend der durchherrschten staatlichen Sphäre entzog und ein weniger sanktioniertes Agieren ermöglichte.

Ende der siebziger Jahre begann die Evangelische Kirche unter dem Eindruck staatlicher Repressionen Andersdenkenden gegenüber in stärkerem Maße allen Raum und Schutz zu bieten, die sich mit Themen wie Ökologie, Frieden und Menschenrechten auseinander setzten. Dabei geriet die Kirche durchaus selbst in Konflikt mit dem Staat. 1978 war es nach langjährigen Auseinandersetzungen zu Gesprächen zwischen dem damaligen Vorsitzenden der Konferenz der Kirchenleitungen der DDR, Albrecht Schönherr, und Erich Honecker gekommen. Ein erneuter Diskurs zur Standortbestimmung der „Kirche im Sozialismus" setzte ein. Per Interessenausgleich sollte zur Entspannung zwischen Kirche und Staat beigetragen werden[275]. Kurz darauf entwickelten sich neue Konflikte durch Gruppen bei der Evangelischen Kirche: als Reaktion auf den 1978 eingeführten Wehrkundeunterricht fanden ab 1980 jährlich „Friedensdekaden" statt, denen sich besonders Jugendliche anschlossen. Vor allem die Dekade 1981 „Schwerter zu Pflugscharen" hatte zu einer Zuspitzung des Verhältnisses geführt[276].

---

274 Bohne 1991
275 Fehr 1996
276 Rubin 1997

Dennoch ermöglichte die Kirche mit ihrer Infrastruktur weiterhin eine selbstbestimmte Gruppenarbeit[277] und damit auch die Bildung gesellschaftlicher Nischen, je mehr sich die Gruppierungen mit ihren Themen in diesem Rahmen institutionalisierten. Die Kreise, zu denen viele Mitarbeiter/innen zählten, konnten einen Teil des kirchlichen Verteilers mitnutzen und sich darüber vernetzen. Ihre Anliegen konnten in das Spektrum kirchlicher Aktivitäten eingebunden werden, etwa über Friedensgebete, Kirchentage und Gottesdienste[278]. Nutznießer dieser Entwicklung waren auch die Homosexuellengruppen, die sich seit 1982 Heimstatt in verschiedenen Gemeinden suchten.

Die Kirche bot aber nicht nur Interessenvertretungen und Selbsthilfegruppen von Schwulen und Lesben Raum. Sie setzte sich auch selbst auseinander mit der Thematik Homosexualität. Der Tagung der Evangelischen Akademie Berlin-Brandenburg „Theologische Aspekte der Homosexualität" im Februar 1982 folgten weitere. Erst die letzte im November 1989 setzte sich mit dem Thema „Lesben im Umfeld der Kirche" auseinander[279].

Es ist zu betonen, dass sich die einzelnen Landeskirchen, Gemeinden, religiösen Strömungen und Würdenträger in ihren z.T. Auffassungen deutlich unterschieden[280]. Als die Bildung von Arbeitskreisen Homosexualität zu kontroversen Diskussionen führte, bemühte sich die Kirche, einen angemessenen Standort der Kirche zu diesem Thema zu finden. Der Bund der Evangelischen Kirche gab eine Studie zum theologischen Standpunkt zur Homosexualität in Auftrag, die 1984 fertiggestellt wurde[281]. Die Studie zielte auf die uneingeschränkte Gleichbehandlung Homosexueller als Gemeindeglieder und als Mitarbeiter der Kirche ab. Die Reaktionen auf diese Studie reichten von Zustimmung bis zu völliger Ablehnung. Bereits im Oktober 1984 erschien eine Gegenstudie, die sich zwar gegen die Diskriminierung Homosexueller verwehrte, aber auf die Heilbarkeit dieser Besonderheit verweist. Vor allem aber kommt die Verstimmung darüber zum Ausdruck, dass über die Einrichtung von Arbeitskreisen Homosexualität lediglich in Gemeindeblättern informiert wurde. Dem war aber keine Konsultation kirchenleitender Gremien oder der kirchlichen Dienstaufsicht vorangegangen[282]. Eine breite Diskussion in der Kirchenöffentlichkeit entspannte sich im folgenden, die Positionen reichten von restriktiv bis liberal.

---

277 Schmid 1991
278 Hampele 1993
279 HuK-Info 1990
280 Nastola 1999
281 Punge 1984
282 Alternativstudie 1984

Eine Unterscheidung zwischen Lesben und Schwulen wurde nicht getroffen. Die Abschaffung der Arbeitskreise wurde allerdings nicht ernsthaft erwogen[283], was auch die Legitimierung der homosexuellen Lebensweise mit sich brachte. Dass die Kirche als ein Sinnbild für (überholte) Moralvorstellungen homosexuellen Gruppen Raum bot, hatte eine starke Signalwirkung auf die Wahrnehmung der Bevölkerung.

Die Auseinandersetzung mit Homosexualität hatte in den Gruppengründungen ihren Anlass. Gleichzeitig waren sie Ausdruck kirchlicher sozialethischer Verantwortung. Auch in diesem Sinne öffneten sich die Kirchen nach außen[284], zumal in den Arbeitskreisen Homosexualität wie auch in anderen Gruppierungen unter dem Dach der Kirche auch viele Nichtchristen zusammenfanden[285]. Lesbische Gesprächskreise wurden in der Regel nicht dem Aufgabenbereich kirchlicher Frauenarbeit zugeordnet[286]. Dies kann verstanden werden als Zeichen der Losgelöstheit der Arbeitskreise von genuinen Gemeindestrukturen - oder es kann Zeugnis davon ablegen, dass lesbische Belange nicht als weibliche Angelegenheiten angesehen wurden.

IV.3 Der „Arbeitskreis Homosexuelle Selbsthilfe - Lesben in der Kirche"

IV.3.a Entstehung

Die Entstehungsgeschichte der „Lesben in der Kirche" wird verschieden geschildert, mir liegen nur Berichte vor, die von Aktivistinnen der Gruppe selbst stammen. Es drängt sich der Eindruck auf, dass hier zu einem Teil auch an der „eigenen Legende gestrickt" wird.

Samira Kenawi[287] gibt eine gute Zusammenstellung der Quellen mit den verschiedenen Versionen. Zum einen heißt es, dass die „Lesben in der Kirche" entstanden seien „aus der Kneipe heraus", gegründet von Frauen, die sich aus „einschlägigen Schwulenlokalen kannten". In einem anderen Dokument heißt es, dass der „Arbeitskreis Homosexuelle Selbsthilfe - Lesben in der Kirche" mit Hilfe Schwuler zusammenfand, nachdem sich bereits die schwule Selbsterfahrungsgruppe gebil-

283 mehr dazu bei Thinius 2006

284 Israel 1991

285 Stapel 1991

286 eine Ausnahme bildet Jena, wo mit Hilfe des thüringischen Evangelischen Frauenwerkes das Informationsblatt „frauAnders" erscheinen konnte.

287 Kenawi 2003

det hatte. Ein anderer Text berichtet, dass sich im November 1982 (an wieder anderer Stelle ist auch vom April die Rede) aus Anlass des Bekanntwerdens des neuen Wehrdienstgesetzes von März 1982 Frauen in einer Wohnung trafen. Nachdem diese Versammlung von Sicherheitsorganen aufgelöst wurde, hätten sich die Frauen noch am gleichen Abend an die Berliner Evangelische Studentengemeinde gewandt. Entweder waren die „Lesben in der Kirche" in ihrer Begründungszeit also eine Freundinnengruppe, ein Selbsterfahrungskreis oder eine Gruppe Friedensfrauen, die gegen die Mobilmachung von Frauen protestieren - oder eine Mischung aus allem. Für spekulative Rekonstruktionen ist hier nicht der rechte Ort; dass allerdings lesbische Frauen an Gesprächskreisen Schwuler teilnahmen, dürfte feststehen. Auf der Suche nach einem geeigneten Ort für weitere Zusammenkünfte wurde auch bei der Berliner Samaritergemeinde vorgesprochen. Der dortige Pfarrer, Rainer Eppelmann, bot den Frauen zumindest einen Stand bei der Berliner Friedenswerkstatt am 3. Juli 1983 bei der Erlösergemeinde Berlin an. So trat die Gruppe in die Öffentlichkeit, noch bevor sie sich offiziell konstituiert hatte. Der Stand der Frauen war ausgestattet mit einer Schautafel mit der Aufschrift „Wir sind Lesben - wir sind viele - für den Frieden." Gleichfalls wurde ein offener Brief an das Wehrkreiskommando mit der Wehrdienstverweigerung einer Frau ausgehängt, in Reaktion auf das neue Wehrdienstgesetz. So traten sie als politisch unangepasst in Erscheinung.[288] Durch die Teilnahme an dieser Friedenswerkstatt ergab sich die Möglichkeit, ab August Räume der Philippusgemeinde in Berlin-Hohenschönhausen zu nutzen. Nach wenigen Sitzungen, gemeinsam mit den Männern, kam es zur Trennung in die Gruppen „Homosexuelle Selbsthilfe Berlin - Schwule in der Kirche" und die „Homosexuelle Selbsthilfe Berlin - Lesben in der Kirche". Im Folgenden kam es im Umfeld der Gemeinde zu Problemen: die Kapelle lag in einer ungünstigen Lage und wurde sehr offensichtlich von der Staatssicherheit überwacht[289]. Darüber hinaus lag die Kirche recht weit abgeschieden von der Öffentlichkeit und von den Wohnorten der Frauen. Daher wurde die Suche aufgenommen nach einem neuen Treffpunkt, einer Gemeinde im Prenzlauer Berg. Nach längerer Suche gelang ihnen die Aufnahme in die Gethsemane-Gemeinde. Die Abstimmung zu ihren Gunsten im Gemeindekirchenrat fiel knapp aus, und auch das v.a. wegen eines Gemeinderates, in dem bereits ein alternativer Friedenskreis Mitspracherecht hatte. Im Brief zum Ersuchen um Aufnahme in den Gemeindekirchenrat[290] boten die Frauen auch an, ein Seminar „Christ-Sein" mit durchzuführen, um sich

288 Schenk 1991a

289 Kenawi 2003

290 Dreßler, Schreiben 18.4.1984

mit Fragen des Glaubens und der Heiligen Schrift auseinander zu setzen.

Im Gegensatz zu anderen alternativen Gruppierungen mussten die „Lesben in der Kirche" ihr Gastrecht regelmäßig, d.h. halbjährlich, erneuern lassen[291]. Die Lesben in der Kirche waren damit einer der zwei Arbeitskreise Homosexualität in der Evangelischen Kirche in der DDR, der nicht im sozialdiakonischen Rahmen „unter dem Dach der Kirche" agierte, sondern weitgehend distanziert von diesem war. Die Kirche gab in diesem Fall nur Freiräume und stellte sich als „Dach" zur Verfügung[292]. Durch diese Verortung wurde es den Frauen dennoch ermöglicht, öffentliche Räume und innerkirchliche Informationsstrukturen für sich zu nutzen, und so auch Vervielfältigungs-, Veröffentlichungs- und Vereinigungsgesetze der DDR zu umgehen[293]. Dabei kam es häufig zur Zusammenarbeit mit den Schwulen.

Bald bildete sich ein fester Vorbereitungskreis heraus, der Arbeit, Vorausdenken und Kontaktknüpfen in der Hand hatte. Diese ca. 10 Frauen gestalteten auch das Programm der Gruppe. Die Mehrheit der Frauen kamen als Konsumentinnen hinzu, was zwischenzeitlich zu einer Kluft zwischen Arbeitskreis und Vorbereitungskreis führte[294]. Im Vorbereitungskreis selbst kam es auch zu einigen Veränderungen über die Jahre. Grund war die Fluktuation der Besucherinnen und Aktiven, auch bedingt durch die hohe Zahl von Frauen, die nach Westberlin und in die BRD ausreisten[295].

IV.3.b Das Selbstverständnis der „Lesben in der Kirche"

Im Programm der Gruppe zum I. Halbjahr 1989 heißt es: „Warum treffen sich Lesben in der Kirche? - damit frau mit frau ungezwungen reden kann. weil lesbisch-sein schön ist, aber nicht immer einfach und frau manchmal Hilfe braucht. Und: Weil wir Lesbisch-sein als Chance verstehen, eine feministische Alternative zu patriarchalen Strukturen zu leben und der Raum für frau in der Kirche größer ist als anderswo[296]"

---

291 Karstädt 1996

292 Stapel 1999

293 Karstädt 1996

294 Körzendörfer 1990

295 Körzendörfer 1988

296 Programm Lesben in der Kirche I. Halbjahr 1989

Die Gruppe trug seit der Begründung in der Philippus-Kapelle den Namen „Homosexuelle Selbsthilfe - Lesben in der Kirche". Der Name allerdings variierte: Im Veranstaltungsplan Oktober-Dezember 1983[297] war das Programm übertitelt mit „Frauen in der Kirche - Arbeitskreis homosexuelle Selbsthilfe", im weiteren allerdings wieder „Lesben in der Kirche": Ab Herbst 1988 nannte sich die Gruppe „Homosexuelle Selbsthilfe für Frauen in der Berliner Gethsemanegemeinde". Ob daraus geschlossen werden kann, dass die Gruppe sich in der Zwischenzeit eher in der Frauenbewegung verortet hat, muss offen bleiben, da das Logo „LiK" in allen Programmen bis 1989 weiter präsent bleibt. Im Arbeitspapier der Gruppe vom November 1983 heißt es, dass die Organisation lesbischer Frauen unabhängig von Männern geschehen muss, damit Frauen ein eigenes Selbstwertgefühl entwickeln und an Selbständigkeit gewinnen[298].

Die Gruppe hatte bald den Ruf von „Terror-Lesben" oder „Radikal-Lesben" - eine Folge dessen, dass sie sich als radikal feministisch verstanden - ein Ruf, auf den sie stolz waren[299]. Bei seiner Begründung hatte der Kreis allerdings noch keine Konzeption oder eine formulierte Zielstellung. Das Arbeitspapier von 1983 stellt die Situation der Lesben in der DDR dar, die Sozialisation, der Prozess des Coming out und die alltägliche Diskriminierung. Aus vorangegangenen Überlegungen wurden Wege und Möglichkeiten des Lesbenkreises dargestellt[300].

Immer wieder wird in den Programmen und anderen Papieren betont, dass das Wissen über lesbisches Leben, Erkenntnisse über die eigene Sexualität und soziale Eigenheiten alternativer Lebensformen gering sei. Auf die Behebung dieses Zustandes sollte ein Schwerpunkt bei der inhaltlichen Gestaltung der Treffen gelegt werden. Die Problematik lesbischer Frauen in geschichtlicher und sozialer Sicht sollte beleuchtet werden, ausgehend von der Lage der Frauen in patriarchalischen Gesellschaften[301].

Das Selbstverständnis der Gruppe zeigt sich im Positionspapier von November 1983[302]. Darin wird neben der Situation der Lesben in der DDR die Sozialisation der Frau, Coming out etc. erklärt als Hintergrund zum Engagement der Frauen. „Wir sind die Frauen, die in einer auf die Familie orientierten Gesellschaft keine ‚richtigen' Frauen sind und müssen über heterosexuelle Normen hinweg zu unserer Identität

297 Veranstaltungsplan Frauen AK 10-12.1983
298 verwendet nach Körzendörfer 1993
299 Gruppenvorstellung Berlin 1989
300 Körzendörfer 1988, S. VI
301 Körzendörfer 1988, S. V
302 Arbeitspapier Lesben in der Kirche 1983

finden, zu einer Identität mit der eigenen Sexualität und mit eigenen Lebensformen."[303] „Die Umdefinierung zu einer Minderheiten-Identität hat ein soziales Bewusstsein als Basis, das sich besonders in Gruppen herausbildet, in der bewußten Auseinandersetzung mit Ursachen und Folgen von normierenden Gesellschaftsstrukturen" [304]. Offensichtlich verstanden sich die Lesben in der Kirche als eine solche Gruppe, und sie erklärten so Ziel und Inhalt ihres Zusammenschlusses. Die Ausführung, dass Unsicherheit, Angst und eine permanente Unzufriedenheit auch bei bewussten Lesben immer wieder durchbräche, deutet auf Schwierigkeiten der Gruppe hin. Das feministische Selbstverständnis wird im weiteren deutlich, wenn als Hintergrund der Diskriminierung von Lesben der Umgang mit Frauen in der Gesellschaft gedeutet wird: „Schon in der mädchentypischen Erziehung beginnt die Herabminderung als weiblicher Mensch"[305]. Im Positionspapier der Gruppe von 1983 heißt es weiter: „Lesben in der Kirche sehen wir als Angebot einer offenen menschlichen Begegnung. Wir haben gegen das Bild von Lesben, das uns vermittelt wurde, gekämpft und damit gegen uns selbst. Jetzt wenden wir uns an unsere soziale Umwelt, um ihr das Ausmaß ihrer Schuld zu zeigen. Wir nehmen es nicht länger hin, in Unsichtbarkeit verwiesen zu werden. Es ist nicht mehr an der Zeit zu bitten, wir treten mit klaren Forderungen an eine Gesellschaft, die lernen muss, mit uns zu leben. Unser Anspruch ist gesicherte Gleichberechtigung aus juristischer und moralischer Sicht. Um unsere Forderungen wirksam zu machen, müssen wir eine lesbische Solidarität entwickeln und gleichzeitig ein Selbstbewusstsein. Wir müssen nach den Ursachen von Selbsthaß, Resignation und Isolation fragen. Wir wissen, dass viele Lesben sich aus der Angst vor den Konsequenzen eines Engagements in den privaten Bereich zurückziehen. LiK meinen, dass muss nicht so bleiben und wollen den Chance eines Beginns nicht ungenutzt lassen"[306]. Konkrete Anliegen und Ziele sowie Vorstellungen, wie dies erreicht werden könnte, werden an dieser Stelle nicht festgelegt. Die Gruppe soll Lebenshilfe leisten für Frauen im Coming out und als Kommunikationszentrum fungieren.

303 a.a.O., S. 18

304 a.a.O., S. 22

305 Arbeitspapier Lesben in der Kirche 1983, S. 22

306 a.a.O., S. 24

IV.3.c Themen und Aktionen

Das Bestreben des Arbeitskreises zielte auf die Wirkung nach innen, also die Gruppe selbst, und auf die lesbischen Frauen im Allgemeinen – und auf eine breitere Öffentlichkeit, im Bereich der Kirche, der Medien und in gewissem Rahmen auch der Gesellschaft.

Das Wirken „nach innen"

Das Wirken nach innen beinhaltete vor allem Lebenshilfe und die Konstitution der Gruppe als solcher. Selbstannahme, Überdenken der weiblichen Rollennormierung und Selbstakzeptanz waren hier Thema[307]. Ein Kommunikationszentrum sollte gebildet werden. Dabei war eines der Hauptziele die Bildung eines lesbischen Umfeldes, in dem sich die Frauen selbst verorten und dadurch der Minderheitenstellung ihrer Identität im Alltag etwas die Zugehörigkeitsempfindung in der Freizeit entgegenstellen konnten. Gemeinsame Abende und Freizeitgestaltung erfüllten diesen Zweck, auch die Einladung von Künstlerinnen, die sich in ihrem Werk mit homosexuellen Frauen auseinandergesetzt hatten. Auf der Tagesordnung stand auch die Auseinandersetzung mit der eigenen Geschichte - auch dies eine Maßnahme zur Identitätsfestigung. Der gesellschaftliche Zustand sollte untersucht werden, der Lesben zu Außenseitern machte. Aufklärung über die Lösung von Konflikten, die speziell mit lesbischen Lebensrealitäten und der persönlichen wie gesellschaftlichen Situation zusammenhingen, konnte in der DDR nicht über Selbsthilfeliteratur geleistet werden. Die Frauen der „Lesben in der Kirche" erstellten zu diesem Zweck Positionspapiere und Handreichungen. Eingeführte Sachliteratur aus West-Berlin erfüllte später den gleichen Zweck. Die Schriften waren auf Initiative ehemaliger Mitwirkender durch Aktivistinnen aus Westberliner Lesbenkreisen mitgebracht worden. Die Schriften wurden in einer Wohnung gesammelt und als „Bibliothek" allen Frauen zur Verfügung gestellt.

Zur Netzwerkbildung wurde die Knüpfung von Kontakten zu anderen Lesbengruppen bzw. lesbischen Frauen in gemischten Emanzipationsgruppen avisiert[308].

---

307 Körzendörfer 1993

308 Körzendörfer 1993

Feministische Diskursstränge

Frauen, die zum ersten Mal Treffen der „Lesben in der Kirche" besuchten, waren erstaunt über die Diskussionen in diesem Kreis. Eine berichtet über ihren Eindruck wie folgt: „Es ging damals, das weiß ich heute noch, um die Frauengesetzgebung in der DDR, über solche Sachen wie Babyjahr und Haushaltstag und was daran nun gut und schlecht sei. Es ging auch um Veröffentlichungen in der damaligen DDR zur Homosexualität. Man hat sich ganz kämpferisch mit den Zuständen auseinandergesetzt [...]. Diese Frauen dort waren sehr kämpferische Emanzen. Sie haben mir die Augen geöffnet für diverse Unterdrückungen"[309]. Auch die Beschäftigung mit lesbischer Geschichte und dem Frauenbild fiel auf.

Auch das Positionspapier der Gruppe setzte sich auseinander mit der Analyse des Frauenbildes im privaten Raum, in der Familie: „Die Lesbe sieht ihre Andersartigkeit als Entscheidung gegen etwas nicht Anerkennbares, das aber in einer patriarchalischen Gesellschaft zur Norm erhoben wurde. [...] Nahezu alle Familien orientieren sich nach patriarchalischen Leitbildern, deren erstrebenswertes Ziel Ehe und Kinder sind."[310] Das ideale Frauenbild der Gesellschaft wird beschrieben: „Eine Frau soll hauptsächlich lieb und schön sein."[311] Die Analysen führen zur Erkenntnis, dass Lesben als Frauen diskriminiert werden, und gleichzeitig als Frauen, die dem gesellschaftlichen Bild der Weiblichkeit nicht entsprechen. Die Beobachtung, dass lesbische Frauen häufiger Berufsausbildung und Studium abbrechen, wurde damit implizit in Verbindung gebracht[312].

Thematische Schwerpunkte

Die thematischen Schwerpunkte der Arbeit der „Lesben in der Kirche" spiegeln sich in den Programmen des Arbeitskreises wieder[313]. Veranstaltungsformen waren entweder Vorträge, Diskussionen oder Vorstellungen, die von Frauen des Kreises oder Personen von „außerhalb" gestaltet wurden.

Es lassen sich drei thematische Schwerpunkte in den Programmen erkennen. Der erste ist die Gestaltung von Freizeitaktivitäten, wie Ausflüge, Kinobesuche und Festen. Daraus ergab sich zum einen die Festi-

309 Karstädt 1996, S. 128 f.

310 in Kenawi 2003, S. 22

311 a.a.O., S. 22

312 a.a.O.

313 die Programme des Kreises liegen vollständig vor

gung der Gruppe als solche. Sobald aus dem „Dach der Kirche" herausgetreten wurde, hatten die Frauen die Möglichkeit, im Schutz einer Gruppe in der Öffentlichkeit sichtbar zu werden – als organisierte Frauengruppe ebenso wie als lesbische Individuen. Eine besondere Rolle spielten dabei die Friedenswerkstätten, bei denen die Gruppe einen eigenen Stand hatte.

Ein zweiter Teil des Programms bestand aus Vorträgen und Veranstaltungen. Dabei ist ersichtlich, dass sich ein Teil der Programmpunkte mit lesbischen Lebensumständen beschäftigte. Diese waren Selbsterkenntnis und -akzeptanz, und die Frage der Bekenntnis zur eigenen Homosexualität vor Familie und Umfeld. So fanden Gespräche mit Psychologinnen statt oder Selbsterfahrungsabende, auch zu weiblicher Sexualität und Gynäkologie allgemein. Das Sichtbarwerden lesbischer Frauen in Literatur, Geschichte und im Alltag waren weitere Betätigungsfelder. Auch gab es von 1983-1989 drei Veranstaltungen zu Homosexualität beider Geschlechter.

Ein dritter Schwerpunkt lag auf der Auseinandersetzung mit Themen der Frauenemanzipation, weiblicher und lesbischer Kulturgeschichte und der Stellung der Frau in der Gesellschaft. Durch die Jahre hindurch gab es stets Veranstaltungen zu Feministischer Theologie und Frauen in der Religion, was in Zusammenarbeit mit Vertreterinnen aus informellen Frauenkreisen und kirchlichen Mitarbeiterinnen gestaltet wurde. Die Geschichte der Frauenbewegung und die Entwicklung von Matriarchat und Patriarchat wurden vorgestellt.

Andere Themen sind dem Spektrum feministischer Gesellschaftsanalyse zuzuordnen. Beispiele dafür sind Diskussionen über die Notwendigkeit der Eheinstitution in der autoritären patriarchalischen Ordnung, die Macht der Norm in der herrschaftsstrukturierten Gesellschaft, Sexismus in der Sprache und Frauen am Scheideweg zur Emanzipation. Des weiteren ging es um Gegenstände wie Lesben und Heterofrauen am Beginn eines Gesprächs, die Frage der Emanzipiertheit der Frauen in der Kirche oder „Warum haben viele Angst vor dem Feminismus?". Beschreibungen der Situation der Frauen anderswo und Berichte zum Frauenbild im deutschen Schlager zeigen die Ausrichtung des Arbeitskreises. Auseinandersetzungen mit dem Thema Gewalt gegen Frauen und die Aktivitäten der Selbstverteidigungsgruppe spiegelten Alltagserfahrungen der Frauen wieder und stellten eine Suche danach dar, wie ihnen begegnet werden konnte. Selbstverteidigungskurse, angeleitet von West-Berlinerinnen fanden zunächst in

Wohnungen, später in den Räumlichkeiten eines Klubs der Nationalen Front[314] statt.

Abende zu Rosa Luxemburg und insbesondere die jährlichen Feiern zum Frauentag, auch genannt „Frauentag von unten" machen den Anspruch der Gruppe deutlich, sich in bestehende Sitten und Symbole rund um die Weiblichkeit einzubringen.

Das Wirken nach außen - Öffentlichkeitswirksames

Die Arbeit der „Lesben in der Kirche", die auf Felder außerhalb homosexueller Arbeitskreise abzielte, kann unter dem Schlagwort „Öffentlichkeitsarbeit" zusammengefasst werden. Es sollte Aufklärung geleistet werden, über Bedingungen und Zwänge lesbischen Lebens in einer heterosexuell genormten Gesellschaft wie der DDR. Eine weitere Maßnahme in Richtung lesbischer Emanzipation waren Versuche zur Veränderung der Bildungsinhalte in Kindergärten und Schule, was die geschlechtsspezifische Rollennormierung betraf[315]. Diese Wirkung nach außen war allerdings beschränkt auf die Kirchenöffentlichkeit, etwa bei Kirchentagen und Akademietagungen. Die wissenschaftliche Öffentlichkeit etwa auf Tagungen zur „Psychosozialen Aspekten der Homosexualität" und in der Interdisziplinären Forschungsgruppe „Homosexualität" an der Humboldt-Universität[316] stellte ein weiteres Forum dar, das allerdings vornehmlich die Lebenslage schwuler Männer thematisierte. Sie eröffnete jedoch auch lesbischen Frauen die Möglichkeit, das Wort zu ergreifen. Beiträge von Ursula Sillge und Christina Schenk wurden in die Tagungsbände mit aufgenommen. Dennoch eröffnete erst die Gestaltung einer Tagung der Evangelischen Akademie Sachsen-Anhalt 1989 durch Lesben aus den verschiedenen Arbeitskreisen der DDR (nicht durch die Akademie selbst!) eine Beschäftigung mit weiblicher Homosexualität auf breiterer Ebene. Auf der Gruppenebene wurden auch die Forschungen des Endokrinologen Dörners behandelt, und sich auf diese Art mit der Sicht von Wissenschaftlern auf sich selbst auseinandergesetzt.

Als Nebenaspekt wurde die Friedensarbeit gesehen. Dieser Punkt scheint vom vorherigen bzw. gleichzeitigen Mitwirken Einzelner bei den „Frauen für den Frieden" beeinflusst worden zu sein, zumindest aber durch die Nachbarschaft zu Friedenskreisen bei der Evangelischen Kirche. Die „Lesben in der Kirche" hatten seit 1983 einen Stand

---

314 dazu mehr in Kenawi 2003

315 Körzendörfer 1993

316 Körzendörfer 1993

bei den Berliner Friedenswerkstätten. Dabei war es von Seiten der Kirchenleitung zu Anfragen gekommen, was denn Lesben und Schwule unter den Friedensgruppen zu suchen hätten. Die von dem Arbeitskreis verfolgte Argumentation war, dass der Umgang mit Homosexuellen von der Friedensfähigkeit der Christen im eigenen Lande zeuge[317]. Ob sie letztlich verfing, sei dahingestellt. In jedem Falle sind keine weiteren kritischen Nachfragen überliefert.

Öffentlichkeitsarbeit versuchten die Frauen auch zu leisten über Mitarbeit an Sendungen in den Medien. Für die Radiosendung „Mensch, Du - ich bin lesbisch", die am 30.1.1989 auf dem Jugendsender DT64 ausgestrahlt wurde, konnten die Frauen der „Lesben in der Kirche" in Zusammenarbeit mit Antje Grabley und Martin Schönebeck ihre Anliegen einbringen[318]. Beiträge in Printmedien scheinen, soweit gesichtet, von lesbischen Gruppen nicht beeinflusst. Erwähnt wurde die Gruppe nicht - weibliche Homosexuelle waren in der öffentlichen Wahrnehmung, den Medien kaum existent. Darüber hinaus war die Thematisierung von Arbeitskreisen bei der Evangelischen Kirche ein Tabu.

Mit einem anderen Themenkomplex brachten sich die „Lesben in der Kirche" vielleicht nicht in das Bewusstsein der Medien, wenigstens aber in die Aufmerksamkeit staatlicher Stellen.

In verschiedenen Arbeitskreisen hatte es sich eingebürgert, Gedenkstätten in ehemaligen Konzentrationslagern zu besuchen und der homosexuellen Opfer des Faschismus zu gedenken. Dies war eine Reaktion auf die Fokussierung des Gedenkens vornehmlich auf kommunistische Widerstandskämpfer als Opfer in der DDR, was nicht nur Homosexuelle, sondern auch Juden[319], Sinti und Roma, Bibelforscher etc. betraf. Die Arbeitskreise in Leipzig und Weimar etwa besuchten die Gedenkstätte Buchenwald, wobei hinterlassene Kranzschleifen und Gästebucheinträge mit Verweisen auf homosexuelle Opfer stets im Nachhinein entfernt wurden[320]. Die Frauen der „Lesben in der Kirche" besuchten mehrfach das ehemalige Frauen-Konzentrationslager Ravensbrück, um der verschwiegenen Toten zu gedenken. Lesbische Frauen waren in der Zeit des Nationalsozialismus nicht *systematisch* verfolgt worden[321], erlitten aber im Falle nicht angepasster Lebensweise Sanktionen, endeten schlimmstenfalls als „Asoziale" in Konzentrati-

---

317 Körzendörfer 1988

318 Schenk 1990 II

319 Der jüdischen Opfer des Holocaust wurde in der DDR erstmalig 1988 gedacht.

320 Waberski 1997; Körzendörfer 1994

321 Schoppmann 1997

onslagern. Es ist davon auszugehen, dass sich unter den Opfern von Ravensbrück auch lesbische Frauen waren.

Am 22. Mai 1983 reiste eine Gruppe von Schwulen und Lesben zur Nationalen Mahn- und Gedenkstätte Sachsenhausen, ohne vorherige Anmeldung, aber auch ohne die Absicht, einen Kranz oder ähnliches zu hinterlassen. Die Gruppe wurde am S-Bahnhof Oranienburg von der Polizei mit dem Hinweis aufgehalten, dass in der Gedenkstätte eine geschlossene Veranstaltung stattfände - was sich im Nachhinein als Fehlinformation herausstellte. Die persönlichen Daten der Gruppenmitglieder wurden aufgenommen[322].

Das erste Mal besuchten Frauen der „Lesben in der Kirche" die Mahn- und Gedenkstätte in Ravensbrück am 10. März 1984, offiziell angemeldet für eine Führung mit Kranzniederlegung bereits im Januar. Die 18 Frauen hatten einen Kranz mitgebracht, auf dessen Schleife die Aufschrift: „AK Homosexuelle Selbsthilfe Berlin Lesben in der Kirche 8. März 84" stand. Der Frauentag diente offensichtlich als Bezugspunkt für die Ehrung - selbst wenn er zwei Tage zurücklag. Doch wurde hier ein Signal hinterlassen für andere Besucher, nicht nur die im KZ ermordeten Frauen mit dem Frauentag in Verbindung zu bringen, sondern auch die *lesbischen* Frauen, von denen der Kranz stammte. Allerdings ging diese Rechnung nicht auf - ein Überwacher bzw. Überwacherin der Staatssicherheit war zugegen und konstatierte, dass die „Personen" allein auf dem Gelände waren und demzufolge keine Öffentlichkeitswirksamkeit bestand. Die Kranzschleife wurde sichergestellt, was von der Gruppe unbemerkt blieb[323].

Im weiteren wird die Verfahrensweise offizieller Stellen mit Ehrungen homosexueller Opfer des Nationalsozialismus angewiesen in einem Bericht des MfS[324] von der geplanten Kranzniederlegung in den ehemaligen KZ Buchenwald und Sachsenhausen am 30.6.1984 durch „Zusammenschlüsse homosexueller Personen". Darin heißt es, dass in den Nationalen Mahn- und Gedenkstätten keine gesonderten Probleme der Homosexuellen zugelassen werden dürfen. Viele der homosexuellen KZ-Häftlinge seien Kriminelle gewesen. Die Nationalen Mahn- und Gedenkstätten wurden angehalten, alle Anfragen von homosexuellen Einzelpersonen oder Gruppen zur Abstimmung mit dem MfS an die Zentrale Leitung des Komitees zu übergeben.

Im Jahr darauf, am 20.4.1985, besuchten Frauen der „Lesben in der Kirche" wiederum die Gedenkstätte im ehemaligen Konzentrationsla-

---

322 Körzendörfer 1988

323 Schreiben MfS LiK 1984

324 Bericht MfS KZ 30.6.1984

ger. Die Frauen standen dabei von Beginn an unter Beobachtung[325]. Bereits die Abholung des Kranzes für die Ehrung wurde minutiös festgehalten. Im Bahnhof Fürstenberg wurden „Noch vor Durchschreiten des Bahnhofsgebäudes [...] die insgesamt elf Objekte von einer Gruppe der Transportpolizei [...], in einer Ecke des Bahnhofs festgehalten, dann von einem starken Aufgebot Bereitschaftspolizei in einem LKW in eine Schule der Deutsch-Sowjetischen Freundschaft gebracht, die während der eben vor sich gehenden Feierlichkeiten in Ravensbrück als Stützpunkt von Volkspolizei und Staatssicherheit dienten"[326]. Dort wurden sie festgehalten und verhört, nach der Entlassung auf der Heimfahrt nach Berlin überwacht. Die Gruppe erreichte durch mehrfache Eingaben, Beschwerden und ein Gespräch im Ministerium des Innern eine Entschuldigung und die (nicht nachprüfbare) Versicherung, dass die Verantwortlichen zur Rechenschaft gezogen würden. Das eigentliche Anliegen, lesbische Opfer zu ehren, stieß auf Ablehnung[327]. - Einen Monat später, am 8.Mai 1985, gedachten lesbische Frauen in Paris vor dem ehemaligen Frauengefängnis „La Petite-Roquette" homosexueller Opfer des Nationalsozialismus[328], am 11.Mai wurde im ehemaligen Konzentrationslager Neuengamme bei Hamburg ein offizieller Gedenkstein für die homosexuellen Opfer des Nationalsozialismus gesetzt[329]. Offensichtlich war die Sichtbarmachung dieser Opfergruppe im 40. Jahr nach Kriegsende in verschiedenen Orten Europas ein Anliegen. In der Presse der DDR wurden derartige Vorkommnisse nicht erwähnt, innerhalb des Netzwerkes homosexueller Arbeitskreise wurden sie jedoch durch persönliche Berichte bekannt. Die Kreise ließen sich jedoch von diesen Ereignissen nicht von weiteren Besuchen in ehemaligen Konzentrationslagern abbringen. Als die „Lesben in der Kirche" am 20.4.1986 nach Ravensbrück reisten, kam es nicht mehr zu derartigen Sanktionen durch offizielle Stellen wie im Vorjahr[330]. Gästebucheinträge und Kranzschleifen wurden jedoch weiterhin entfernt[331]. Die Versuche, über solche Wege lesbische Frauen in der Öffentlichkeit abseits der Mitarbeiter von Nationalen Mahn- und Gedenkstätten sichtbar zu machen, können also als gescheitert betrachtet werden.

325 Beobachtung MfS LiK 20.4.1985

326 Beobachtung MfS LiK 20.4.1985

327 Waberski 1997

328 UKZ 7/1985

329 UKZ 7/1985b

330 Allerdings hatte das Jahr 1985 für die Erinnerung an den Nationalsozialismus auch eine besondere Bedeutung als 40. Jahrestag des Endes des Zweiten Weltkrieges.

331 Körzendörfer 1988

IV.3.d Strategien

Die „Lesben in der Kirche" zielten mit ihren Aktivitäten auf die Analyse der Lage der Frau und der Verortung von Lesben in der Gesellschaft ab. Des weiteren arbeiteten sie als Selbsthilfegruppe für Frauen, was sich an der Beschäftigung mit Themen der Gynäkologie oder Selbstverteidigung zeigte. Bei der Wirksamkeit in der Öffentlichkeit, etwa bei den Ehrungen im Konzentrationslager Ravensbrück, beabsichtigten sie die Sichtbarmachung homosexueller Frauen. Zum einen wurde mit Kranzschleifen und Gästebucheinträgen aufmerksam gemacht auf die lesbischen Opfer des Lagers, zum anderen aber auch auf die Existenz lesbischer Frauen in der Gegenwart, und auf die „Lesben in der Kirche". Dabei wurden auch Konfrontationen mit der Staatsmacht in Kauf genommen. Das Sichtbarwerden lesbischer Frauen war auch innerhalb der Evangelischen Kirche beabsichtigt, und wurde durch die Teilnahme an Kirchentagen und im Rahmen von Tagungen zur Homosexualität erreicht. Die Integration lesbischer Frauen in die Gesellschaft als Zielstellung zeigt sich nicht in den Dokumenten der „Lesben in der Kirche".

IV.4 Der Sonntags-Club

IV.4.a Entstehung und Selbstverständnis

Der Sonntags-Club Berlin entwickelte sich aus der sich in den siebziger Jahren gebildeten „Homosexuelle Interessengemeinschaft Berlin (HIB)". In den siebziger Jahren hatte es in der DDR keine Lobbyarbeit oder einen Kulturverein Homosexueller[332] gegeben. Nach einem Vortrag über Homosexualität in einer Ostberliner Stadtbibliothek 1974 trafen eine Gruppe Homosexueller und Charlotte von Mahlsdorf, Inhaberin des Gründerzeitmuseums in Berlin/Mahlsdorf, zusammen. An diesem Abend bot Charlotte von Mahlsdorf der Gruppe Räume im Gründerzeitmuseum an[333]. Nach einer anderen Version war es die Ausstrahlung des Films von Rosa von Praunheim „Nicht der Homosexuelle ist pervers, sondern die Gesellschaft in der er lebt" im BRD-Fernsehen, die den Ausschlag gegeben hatte für einen Zusammenschluss und das Engagement für homosexuelle Interessen[334]. Die „HIB" verstand sich als Wahlfamilie für Lesben und Schwule, mit dem Ziel der Schaffung eines Lesben- und Schwulenhauses als Kommunikati-

---

332 Rausch 1991

333 Charlotte von Mahlsdorf 1992

334 Sillge 1991

onszentrum und Alternative zur Gaststättenszene. Bei den Treffen waren bis zu 50 Menschen anwesend, bei Festen kamen bis zu 200 Leute[335]. Der Kreis setzte sich aus etwa 2/3 Männern und 1/3 Frauen zusammen[336]. In der Gruppe gab es Gesprächsabende mit Ärzten, Diskussionen über Filme und Bücher, ein eigens gegründetes Kabarett brachte Programme, gemeinsame Ausflüge wurden veranstaltet. Außerdem fanden Diskussionen rund um die Themen Coming out, Randgruppen und ähnliches statt. 1976 initiierte der Kreis im Rahmen der Urania-Gesellschaft eine Veranstaltung zum Thema „Geschlechterrollen in der sozialistischen Gesellschaft". Etwa 500 Besucher nahmen teil. Aktivitäten im politischen Bereich bestanden in erster Linie aus dem Verfassen von Eingaben. Inhalt war z.B. Beschwerden über das Schließen von Bars, in denen Homosexuelle verkehrten[337]. Doch von Seiten der Polizei, Volkskammer und anderen Institutionen erfolgte keine Reaktion[338]. In den Jahren darauf wurde der Kontakt zu Fachleuten gesucht. Der anfängliche Schwerpunkt war die Erweiterung der Ehe- und Sexualberatungsstellen um die Beratungstätigkeit für Homosexuelle. DDR-Wissenschaftler sollten zu mehr Stellungnahmen für Homosexuelle, und wo möglich, auch für die Arbeit homosexueller Gruppierungen bewegt werden. Zu jener Zeit wurde von Gesellschaftswissenschaftlern die Existenz von Homosexuellen jedoch weitgehend ignoriert. Mediziner arbeiteten an Möglichkeiten der Therapie von Homosexualität[339]. Die Gruppe bemühte sich um eine Anmeldung als Verein, die aber abgelehnt wurde. Die Begründung lautete, dass DDR-Bürger homosexueller Neigung alle Rechte hätten, und keine Separierung als notwendig erachtet wird. Folgende Eingaben und Anhörungen blieben erfolglos, etwa die Bemühungen um ein Beratungs- und Kommunikationszentrum an den Magistrat von Berlin. Die Weiterarbeit erfolgte dann ohne juristische Anerkennung[340]. Nach der Auflösung einer Feier im Gründerzeitmuseum 1978 (s.u.) und dem folgenden Verbot weiterer Veranstaltungen war die Gruppe ohne Ort, einige Mitwirkende zogen sich zurück. Informelle Netzwerke allerdings bestanden auch nach der Auflösung weiter.

---

335 Charlotte von Mahlsdorf 1994
336 Rausch 2006
337 Kowalski 1987
338 Sillge 1991
339 Rausch 1991
340 Stark 1994

IV.4.b Themen und Aktionen

Das Wirken „nach innen"

Das Engagement der HIB und des Sonntagsclubs seit Ende der 70er hatte drei Schwerpunkte: eindeutige Anzeigen in Zeitungen für Homosexuelle zu ermöglichen, sich um die Genehmigung für Geselligkeiten von Lesben und Schwulen zu bemühen und ein Anlaufpunkt für alle zu sein, die im Coming out sind und Hilfe in diesem Lebensabschnitt brauchen[341].

Die Auseinandersetzung mit dem Staat in Form von Briefen und Eingaben wurde weiter verfolgt, die Bemühungen um erweiterte Möglichkeiten Homosexueller zu Treffpunkten und um weniger restriktivem Umgang staatlicher Stellen liefen[342]. Ministerrat und Gesundheitsministerium verhielten sich abweisend. Im Herbst 1983 stellte der Kreis an den Magistrat einen Antrag zur Errichtung eines Kultur- und Beratungszentrums bzw. Clubs für homosexuelle Bürger, nachdem sich in Leipzig und Berlin homosexuelle Arbeitskreise bei Gemeinden der Evangelischen Kirche gebildet hatten. Die Reaktion des Ministeriums des Inneren war ablehnend; auch 1984 noch war man hier der Meinung, Veranstaltungen für Lesben und Schwule dürfe es nicht geben. Die Begründung lautete, dass es kein Geld, keine Räume und keine Planstellen gäbe[343]. Die Gruppe blieb hartnäckig. Neben der Durchführung gemeinsamer Diskussionen, Lesungen, Ausflügen und Festen suchte die Gruppe beständig Kontakt zu Wissenschaftlern, Ministerien und Buchverlagen und bat um Unterstützung. Die Behörden untersagten Veranstaltungen. Auch überall sonst stieß man auf Unsicherheit und Ablehnung. Entscheidend dafür dürfte die Sicht der Staatssicherheit gewesen sein: In Aufzeichnungen des MfS heißt es dazu: „Aktivitäten lassen sich aus der Sicht des Gegners nur damit erklären, dass der sozialistische Staat veranlasst werden soll, derartige Personengruppierungen als außerhalb seiner gesellschaftlichen Strukturen politisch handelnde Größe anzuerkennen. In gleicher Richtung liegen Versuche einzelner Personengruppierungen, parallel zu den unter dem Schutz der Kirche stattfindenden Aktivitäten in die gesellschaftliche Öffentlichkeit zu treten und dazu staatliche und gesellschaftliche Organisationen zu unterwandern. Das betrifft zum Beispiel Forderungen homosexueller Personenkreise nach staatlichen bzw. gesellschaftlichen Beratungs- und Begegnungszentren. Die meisten derartigen Aktivitäten haben den Charakter von Tests, bei denen der

---

341 Karstädt 1996

342 Rausch 1991

343 Sillge 1991, S. 96

für feindlich-negative Aktivitäten erreichbare Grad der Legalität ausgelotet und der entsprechende Spielraum abgesteckt wird. [...] Grundorientierung weiter gültig, dass die Hauptmethode die Zurückdrängung und Einschränkung solcher Bestrebungen die Mobilisierung staatlicher und gesellschaftlicher Kräfte die ideologische Offensive unter irregeleiteten und beeinflussten Personen sein muss, um die reaktionären Scharfmacher zu isolieren“ [344].

Auf anderen Gebieten erreichte der spätere Sonntags-Club mehr. Lange hatte es Bemühungen gegeben, wissenschaftliche Forschungen zu Homosexualität auch im nicht-medizinischen Bereich anzuregen. 1984 berief der Prorektor für Gesellschaftswissenschaften an der Humboldt-Universität zu Berlin, Prof. Dieter Klein, die Bildung der „Interdisziplinären Arbeitsgruppe Homosexualität“[345]. Ob diese Einberufung tatsächlich auf Vorschläge Mitwirkender im späteren Sonntags-Club zurückzuführen ist, wie Sillge behauptet[346], ist schwer nachweisbar. Die Studie, welche die Wissenschaftlergruppe 1985 vorlegte[347], enthielt allerdings eine im wesentlichen eine positive Bewertung homosexueller Interessengruppen und Anlaufpunkte. Diese sollte aber unmittelbar mit psychologischer und Sexualberatung kombiniert werden. Die Versendung des Papiers an staatliche Stellen, etwa den Magistrat von Berlin und das Zentralkomitee der SED, zeigte keine unmittelbare Reaktion.[348]

Die Schaffung öffentlicher Räume schien angesichts des Anwachsens des Kreises notwendig. Für solche Anlaufpunkte mit festen Veranstaltungszeiten wurden staatliche Genehmigungen als nicht erreichbar eingeschätzt[349]. Die zitierten Unterlagen des MfS bestätigen dies.

Durch persönliche Kontakte wurde im Januar 1986 dennoch eine Verabredung getroffen zwischen Leitern des Jugendklubs in der Berliner Veteranenstraße[350] und dem Freundeskreis um Ursula Sillge, dem späteren „Sonntags-Club“. Daraus ergab sich für den Kreis die Möglichkeit, den Jugendklub zweimal im Monat halblegal für Sonntagstreffen zu nutzen. Die Veranstaltungen fanden thematisch eher bedeckt statt[351]. Vor allem gab es Lesungen schwuler Autoren[352]. Die unautori-

344 „Hetzkampagnen“ 1984
345 Karstädt 1996, S. 141
346 Sillge 1991
347 Analyse 1985
348 Karstädt 1996
349 Noack 1996
350 M. Foitzik und C. Weigelt
351 Hampele 1991
352 Brühl 2006

sierte Handlung der Jugendklubleitung, die ohne Kenntnis zuständiger Stellen, etwa den Magistrat oder die Abteilung Kultur des Rates des Stadtbezirkes erfolgt war[353], wurde im gleichen Jahr bekannt. Der Druck auf den Jugendklub wuchs im Winter 1986/87, die vorübergehende Schließung ist die Folge (wegen „Renovierung"). Nunmehr fanden die Treffen des Kreises, der sich mittlerweile nach den sonntäglichen Treffen „Sonntags-Club" nannte, wieder in der Gastronomie statt, oder man organisierte Ausflüge. 1987 fand der Club ein neues Domizil[354]: für die nächsten Veranstaltungen wird der Klub der Bauarbeiterjugend genutzt. Der Club wird allerdings mehr geduldet als anerkannt, dennoch gilt er seit diesem Jahr[355] als offiziell begründet. Das Problem eines festen Ortes für Veranstaltungen bleibt allerdings bis 1989 bestehen. Auf Ansuchen bei der Nationalen Front[356] versichern deren Vertreter, sie würden Lesben und Schwule nicht behindern, wenn sie ein geeignetes Lokal fänden, in dem sie sich etablieren könnten. Ein solches Lokal fand sich nicht[357]. Ob und welche Weisungen hinter dieser Tatsache stehen, ist nicht bekannt, es liegt aber eine Einschätzung des Ministerium für Staatssicherheit vom April 1988 vor. Darin heißt es, dass für eine Organisation Homosexueller kein gesellschaftliches Bedürfnis bestünde und Interessengemeinschaften konsequent zu verhindern seien. Zwar seien Aufklärung, Annoncen, Wohnraumvergabe und Ehrungen von Insassen in Konzentrationslagern durchaus möglich. Versuchen des Sonntags-Clubs, einen legalen Status als Vereinigung zu erfahren, wurde ablehnend begegnet und „Zurückdrängungs- und Zersetzungsmaßnahmen" angestrebt[358]. Dennoch war die Entwicklung nicht aufzuhalten. In der Nachfolge entstanden seit 1987 ähnliche Klubs in anderen Städten der DDR, zunächst in Dresden, Gera und Leipzig[359]. Der Sonntags-Club fungierte in einigen Fällen als Berater[360]. Der Sonntags-Club hatte zwei Anliegen. Zum einen wollte er eine Begegnungsstätte für Homosexuelle sein, damit deren Isolation durch einen Ort der Kommunikation und Geselligkeit durchbrochen würde. Zum anderen waren auch Heterosexuelle ausdrücklich willkommen. Für sie sollte der Club ein Ort der Information und Aufklärung sein, um Berührungsängste und Vorurteile abzubau-

---

353 Noack 1996

354 Kleres 2000

355 dem Jahr des Erscheinens von Reiner Werners „Homosexualität"-Buch und immer mehr Aufklärungskampagnen in der Presse

356 Bündnis verschiedener Parteien und Massenorganisationen

357 Sillge 1991

358 Einschätzung Sonntags-Club MfS 1988

359 Kleres 2000

360 ibd.

en. Nach außen erklärte der Club, die humanistischen Prinzipien der marxistisch-leninistischen Weltanschauung und der Verfassung realisieren zu wollen[361].

Das Berufen auf die Verfassung der DDR und die stete Versicherung der Loyalität dem Staat gegenüber durch Mitglieder des Sonntags-Clubs waren als Strategie nur mäßig erfolgreich. Sie zeigt allerdings - und das unabhängig von der Einstellung der sie Nutzenden - wie hier gleichzeitig eine Vereinnahmung staatlicher Ideologie und deren Anerkennung stattfand, um Ziele durchzusetzen, die *außerhalb* der Interessen dieses Staates lagen.

Nach der Konstituierung des Clubs in legalem Rahmen sollte ein breites Angebot für ein breit gefächertes Publikum entstehen. Der Club organisierte sich[362]. Der Status einer Arbeitsgruppe in einem Jugendklub bildete auf Dauer keine ausreichende Basis zur Bewältigung der Aufgaben, da Besucher aus *allen* Altersgruppen vertreten waren und der Einzugsbereich die ganze Hauptstadt und auch das Umland betraf. Veranstaltungen wurden von 50-100 Personen besucht. Deshalb änderte man die Strukturen. Ein Clubrat von 20 Mitarbeitern und ein Vorstand wurden gebildet, dem 20 Mitarbeiter angehörten. Von diesen waren ein Drittel SED-Mitglieder. Dabei verfuhr man nach dem Prinzip der Parität zwischen den Geschlechtern. Es wurden verschiedene Verantwortungsbereiche und Interessengebiete aufgeteilt, wie die Organisation von Veranstaltungen und die wichtige Funktion der Postbeantwortung[363].

Seit 1988 wurde in Zeitschriften die Adresse des Sonntags-Clubs abgedruckt[364], so dass sich viele Betroffene hierhin wenden konnten. Es gab auch Verantwortliche für den Kontakt mit Institutionen und anderen Klubs. Die Möglichkeit der eigenständigen Beschäftigung im kleineren Kreis wurde geschaffen durch die Bildung von Interessengebieten, die Freizeitunternehmungen wie Wandern, Motoristik, Radwandern und Fotografieren umfassten. Die Bereiche Literatur, Film, Bildende Kunst hingegen arbeiteten auch an der Aufarbeitung homosexueller Vergangenheit, dem Vorkommen von Schwulen und Lesben in Literatur und Film etc. Die Interessengruppe Geschichte des Sonntags-Clubs befasste sich mit der Geschichte der Emanzipationsbewegung homosexueller Männer und Frauen und mit der Geschichte der Sexualwissenschaft ebenso wie mit der Kulturgeschichte der Homosexualität. Die Interessengruppe Theorie hingegen arbeitete an einer Informationsschrift

361 Noack 1996
362 ibd.
363 Karstädt 1996
364 z.B. Das Magazin 4/88, neues leben 9/89

über Homosexualität und versuchte, Wissenschaftler und wissenschaftliche Institutionen zu Forschungen anzuregen. Einige Mitglieder schrieben auch selbst wissenschaftliche Arbeiten in unterschiedlichen Disziplinen. Es gab keine Gruppe, die sich mit spezifisch weiblicher Geschichte oder Feminismus auseinandersetzte.

Die Begegnungen waren nicht mehr auf bestimmte Tage und Orte festgelegt. Die Öffentlichkeitsarbeit hatte verschiedene Richtungen und wendete sich v.a. an Massenmedien, Fernsehen und Radio. Die Mitwirkung an einer „Visite"-Sendung im Fernsehen, bei Rundfunksendungen von DT64 und an Dokumentarfilmen, Zeitungsartikeln und Büchern sollten angeregt werden. Des weiteren wurden Vorträge und die Mitwirkung bei Veranstaltungen in anderen Klubs und Einrichtungen geplant. Die Interessengebiete organisierten jeweils eine der allgemeinen Veranstaltungen im Jahr, so dass etwa die Suche nach homosexuellen Spuren allen zugänglich gemacht wurden und der Konstituierung der eigenen Identität diente[365]. Das seit 1988 existierende Partei-Aktiv hielt Verbindungen zur SED-Bezirksleitung aufrecht. Die Hauptthemen der allgemeinen Veranstaltungen waren vor 1989 Gespräche zu Coming out, Bisexualität und homosexuellen Eltern. Dabei arbeiteten Frauen und Männer eng zusammen, wobei Lesben die treibenden Kräfte waren[366]. Der Sonntags-Club hatte eine Liste einschlägiger Lokale erstellt, die er weitervermittelte. In seinen Programmen waren auch die Klubs („nicht nur für Lesben und Schwule") im Rest des Landes abgedruckt[367].

Im Adressenpool des Sonntags-Clubs, der Berliner Vereinigung lesbischer, schwuler und bisexueller Bürgerinnen, befanden sich ca. 400 Personen. Kontaktaufnahmen funktionierten nach dem Schneeballprinzip[368]. Mitgliederwerbung war für den Sonntags-Club, ebenso wie für die anderen homosexuellen Gruppierungen, praktisch unmöglich. Hier war die Nutzung sozialer Netzwerke von immenser Bedeutung. Die Nutzung der Kontakte, die sich aus Zuschriften aus der ganzen DDR ergaben, führten dazu, dass die Anschrift des Clubs seit 1987 hin und wieder in Medien erwähnt wurde. Auch die Ehe- und Sexualberatungsstellen gaben Informationen zum Club weiter. Im formellen Sinne war der Zugang zur Öffentlichkeit allerdings begrenzt[369]. Ebenso war der offizielle Status des Clubs nicht sicher.

---

365 Sillge 1988

366 Noack 1996

367 Programm Sonntags-Club 1. Halbjahr 1989

368 Dorn Rosa Juni 1988

369 Kleres 2000

Zu den Erfolgen des Sonntags-Clubs gehört, dass es ihm gelang, die „Interdisziplinäre Forschungsgruppe zu Homosexualität" an der Humboldt-Universität anzuregen. Der wissenschaftliche Gehalt der Untersuchungen sei nicht von entscheidendem Wert gewesen, vielmehr verlieh die Forschungsgruppe lesbisch-schwulem Lebensstil Legitimität. So konnten in einem bestimmten Rahmen dem Staat gegenüber homosexuelle Interessen vertreten werden. Neben dem Katalog an Vorschlägen, den diese Forschungsgruppe erbracht hatte, bewirkte sie auch, dass für Mitarbeiter der staatlichen Verwaltung und der Ehe- und Sexualberatungsstellen Fortbildungen organisiert wurden. [370]

Bei ihrem Forschen nach den Ursachen von Anti-Homosexualität und Diskriminierung bzw. deren Beseitigung vermied man im Sonntags-Club oppositionelle Tendenzen. Vor allem waren Integration und pragmatische Verbesserungen als Hauptziel avisiert. Der Sonntags-Club begriff sich als Alternative zu kirchlichen Arbeitskreisen[371]. Durch seine labile Anbindung an gesellschaftliche Träger (Jugendklubs etc.) war der Sonntags-Club bemüht, Verbündete zu finden, um die eigene Existenz zu sichern. Die Befürworter des Clubs fanden sich insbesondere unter den Mitgliedern der Interdisziplinären Forschergruppe an der Humboldt-Universität. Entscheidend an diesen Unterstützern war die Autorität, die ihnen ihre wissenschaftliche Arbeit verlieh, und mit denen sie Forderungen und Interessen der Gruppe Nachdruck verschaffen konnten. Hintergrund dafür war das streng hierarchische Entscheidungsgefüge der DDR. Veranstaltungen, die auf Widerstand staatlicher Stellen stießen, konnten durch die Teilnahme bekannter Schriftsteller/innen hin und wieder doch noch stattfinden[372]. „Wir wollen homosexuellen und bisexuellen Frauen und Männern die Möglichkeit geben, hin und wieder aus ihrer Isolation herauszukommen, sich nicht verstecken zu müssen, evtl. einen Partner zu finden. Bestimmt finden sich Freunde und Gesprächspartner. Wir wollen heterosexuellen Männern und Frauen Gelegenheit geben, sich über spezifische Probleme homosexueller Bürger zu informieren. Wir haben Verbindungen zu Ehe-, Familien- und Sexualberatungsstellen und können bei Bedarf oder Wunsch entsprechende Kontakte herstellen. Wir organisieren Veranstaltungen, Diskussionen, Ausflüge". Alle Treffen wurden angegeben, auch die der Gesprächskreise[373].

---

370 Kleres 2000

371 a.a.O.

372 a.a.O.

373 Programm Sonntags-Club 1. Halbjahr 1988

Die Gruppen, die sich bei Jugendklubs und dem Verband der Freidenker angesiedelt hatten, waren von der Taktik und auch von der Argumentation her vorsichtiger als die Kirchengruppen. Zumindest Anfang der achtziger Jahre erforderten die Bemühungen um die weitere Existenz informeller Kreise diplomatisches Geschick[374].

Feministische Diskursstränge

Ein Gespräch im Ministerrat am 20.9.1979[375] um die Restriktionen des Staates zeigte dessen Maxime: nur Partnerbeziehungen würden gefördert, die in erster Linie der Erhaltung der Art dienen. Es könne nicht sein, dass der Staat die Homosexuellen fördere. Es läge in seinem Interesse, dass sich etwa „schwankende" Jugendliche lieber für die bessere, die heterosexuelle Seite entscheiden. Eine Vertreterin der HIB untermalte den Wunsch nach mehr Aufklärung über Homosexualität, um mehr Menschen rechtzeitig die Möglichkeit der freieren Partnerwahl zu verdeutlichen. Sie unterstrich dieses Anliegen mit dem Verweis auf die hohe Zahl lesbischer Frauen, die zunächst heirateten und zu zwei Dritteln auch Mütter wären. Für sie wäre es doch besser gewesen, zur rechten Zeit ihren Anlagen gemäß zu leben, statt einer Scheidung, die ja auch für die Kinder nicht gut wäre. Der Vertreter des Ministeriums unterstrich dagegen, dass es eher das Bestreben des Staates wäre, keine alleinstehenden Mütter zu haben. Im folgenden nahmen die repressiven Maßnahmen zu. Im Jahr 1980 stellte die HIB ihre Veranstaltungen ein, auch die Öffentlichkeitsarbeit. Es fanden nur noch Feiern im privaten Rahmen statt, in Wohnungen oder fingiert als „Familienfeiern" in Klubgaststätten. Die Suche nach einem neuen Treffpunkt gestaltete sich schwierig[376]. Die Versuche, über den Kulturbund eine Freizeitmöglichkeit zu eröffnen, waren bald hinfällig. Es schien in der DDR keinen Spielraum für Selbsthilfeprojekte zu geben[377]. Die folgenden Bemühungen, der Kriminalisierung lesbischer Aktivitäten vorzubeugen und abzubauen, waren nicht erfolgreich. Der Mangel an Treffpunkten blieb weiterhin bestehen[378].

Im Sonntags-Club wurde ein besonderes Augenmerk auf die Verteilung der Verantwortlichkeiten zwischen den Geschlechtern gelegt. Entscheidungspositionen wurden paritätisch aufgeteilt[379]. Die Leiterin,

---

374 Karstädt 1996
375 Protokoll Gespräch beim Ministerrat 1979
376 Kleres 2000
377 Rausch 1991
378 Noack 1996
379 Kleres 2000

Ursula Sillge, hatte nach eigener Aussage „immer versucht, alle Lesben, die zu uns in den Sonntags-Club gekommen sind, zu ermutigen, aktiv zu werden. Viele waren innerlich bereit, etwas zu machen, aber sie waren nicht so unbeschwert oder solch einem Selbstbewußtsein ausgestattet, wie die Männer, die ja anders sozialisiert sind. [...] Ich bin stolz darauf, daß es doch eine ganze Reihe Lesben gib, die zunehmend aktiv geworden sind, und das nicht nur im Sonntags-Club. Wir haben mit den Schwulen zusammengearbeitet und als Lesben auf Parität in Entscheidungspositionen bestanden. [...] Aber letztlich hatten wir 1988 im Clubrat 10 Frauen und 10 Männer, das heißt, wir hatten Parität, bis wir fünf Schwule herauswerfen mußten. Danach gab es über ein Jahr Lesbendominanz." [380]

Der Sonntags-Club hatte bis 1989 keine spezifisch lesbischen Aktivitäten initiiert[381]. Die Angebote des Sonntags-Clubs waren, was reine Unterhaltungsveranstaltungen betraf, „geschlechtsneutralen" Charakters. Themenbezogene Veranstaltungen, etwa Vorträge, themenbezogene Diskussionen oder Kulturelles, bezogen sich dagegen auch auf explizit lesbisches bzw. schwules. Nicht alle Programme des Sonntags-Clubs liegen in den relevanten Archiven[382] vor.

Die ersten vorliegenden Programme des Sonntags-Club stammen aus dem Jahr 1987[383]. Die angekündigten Termine enthalten eine bunte Mischung kultureller Angebote, Kunst, Naturunternehmungen und Lesungen, aber nichts Frauenspezifisches. Die Veranstaltungen von Januar bis März 1987 fanden erklärtermaßen alle „außer Haus" statt, da der vorherige Veranstaltungsort renoviert wurde.

Im Programm für das Jahr 1988[384] sind keine explizit lesbischen Themen enthalten, die Termine finden in verschiedenen Einrichtungen und Klubgaststätten statt. Im November plante der Club einen Arbeitseinsatz auf dem Jüdischen Friedhof zum Gedenken an den 50. Jahrestag der Pogromnacht.

Der Anteil der Aktivitäten, die sich auf Frauenthemen bezogen, waren laut den Programmen folgende: im Frühjahr 1989[385] gab es einen Diskussionsabend zum Thema „Emma auf Lesbos. Frauen und Politik".

---

380 Sillge nach Karstädt 1996

381 Hansen 1991

382 d.h. das Archiv des Schwulen Museums Berlin, das Lesbenarchiv Spinnboden, das Archiv Grauzone bei der Robert-Havemann-Gesellschaft etc.

383 Programm Sonntags-Club Jan./März 1987, Programm Sonntags-Club 2. Halbjahr 1987

384 Programm Sonntags-Club 2. Halbjahr 1988

385 Programm Sonntags-Club 1. Halbjahr 1989, Programm Sonntags-Club 2. Halbjahr 1989

Dies war ein Themenbereich, bei dem man angesichts der geringen Zahl weiblicher Entscheidungsträger in der DDR an der Hinterfragung der Lage der Frauen in der DDR kaum vorbeikam. Auch war die lesbische Liedermacherin Maike Nowak zu Gast im Sonntags-Club.

Einige Veranstaltungen wurden gemeinsam mit Jugendradio DT64 veranstaltet. Enthalten war auch die Einladung des Klub „Felix Halle" aus Weimar, sich der Ehrung homosexueller Opfer des Faschismus in der Nationalen Mahn- und Gedenkstätte am 15. April im ehemaligen Konzentrationslager Buchenwald anzuschließen. Der Sonntags-Club bot für das Pfingsttreffen der FDJ Veranstaltungen an, eine Filmvorführung in der Humboldt-Universität und ein Frühlingsfest im Klub der Berliner Bauarbeiterjugend. Unklar ist, ob diese Veranstaltungen genehmigt und durchgeführt wurden. Die Veranstaltungen 1989 fanden im Klub der Berliner Bauarbeiterjugend statt. Am 26.11.1989 kam es zu einem Gespräch mit der Magazin-Autorin Ursula Hafranke, die für die Zeitschrift eine Artikelserie ausschließlich über Schwule verfasst hatte. Daher stand der Abend unter dem Motto: „Das Magazin und die Lesben".

Das Wirken nach außen

Kommunikation mit Öffentlichkeit und Institutionen

Nachdem der „Sonntags-Club" 1987 eine gesellschaftlichen Einrichtung gefunden hatte, die er als Treffpunkt nutzen konnte, wurde seine Adresse in den Medien der DDR als Anlaufpunkt angegeben. So führt die Zeitschrift „Das Magazin" 1989 als Möglichkeiten für Homosexuelle, einen Partner kennenzulernen, unter anderem auch den Berliner Sonntagsclub auf, von dem viele begeistert seien[386].

Der Kreis nahm aber auch seinerseits Kontakte auf zur Presse. In einem Schreiben an die Redaktion der Illustrierten „Deine Gesundheit" vom 1.5.87 wird darauf verwiesen, dass der Sonntags-Club neben den kirchlichen Arbeitskreisen der einzige Ort ist, der Homosexuellen die Gelegenheit gibt, aus ihrer Isolierung herauszukommen. Der Brief enthielt auch einen Hinweis, dass der Autor des Buches „Homosexualität", Reiner Werner, über den Club Kontakt und Informationen zu Lesben bekommen könne[387]. In einem vorhergehenden Interview hatte Werner[388] das Wissensdefizit über homosexuelle Frauen beklagt. Die Absender des Schreibens widersprechen auch der Aussage Werners, dass

386 Hafranke 1989b

387 SW S-C Deine Gesundheit 1987

388 Mielke 1987

spezielle Vereinigungen Homosexueller zu eigentümlichen Moralauffassungen führen würden[389].

Ein Anliegen des „Sonntags-Clubs“ war die Anbindung an einen gesellschaftlichen Träger. Die Lesben des Clubs sahen die Frauenorganisation der DDR, den Demokratischen Frauenbund Deutschland (DFD), als Anlaufpunkt für ihr Anliegen. „Von Vertreter(inne)n des Sonntags-Clubs wurde Kontakt zum Zentralvorstand des DFD aufgenommen. Dabei wurde festgestellt, dass die unteren Leitungsebenen von den Lesben unter den Frauen weder etwas wissen noch etwas merken. Um dem abzuhelfen, sollten Stadtbezirks-, Stadt-, Orts-, Kreis- und andere lokale Vorstände des DFD von Lesben auf Probleme lesbischer Frauen hin angesprochen und konkrete Aktivitäten gefordert werden“ heißt es im Protokoll der Interessengruppe Theorie des Sonntags-Clubs[390].

Im März 1988 wendeten sich dann Frauen des Sonntags-Club an den DFD bekundeten ihr Interesse an einer Zusammenarbeit mit dem DFD[391]. In ihrem Schreiben erklären sie die Faktenlage zur Homosexualität. Darin wird auch die Problematik benannt, dass in der Bevölkerung viel Unwissenheit besteht über Homosexualität, und dass darüber hinaus dort, wo von Homosexuellen die Rede ist, überwiegend Männer gemeint seien. „Wir, die homosexuellen Frauen des Sonntags-Clubs haben es uns zum Ziel gesetzt, unsere Gesellschaft über die speziellen Probleme homosexueller Frauen und Mädchen aufzuklären und bei deren Überwindung aktiv mitzuwirken. Dabei betrachten wir den DFD [...] als unsere natürlichen Verbündeten.[392]“ Die Verfasserinnen wünschten sich ein Gespräch über eine mögliche Zusammenarbeit.

Im Juni findet dann das gewünschte Gespräch im Bundesvorstand des DFD statt zwischen Ursula Sillge und Inge Schulz vom Sonntags-Club und der Stellvertretenden Vorsitzenden des DFD, Prof. Rosemarie Walther und der Abteilungsleiterin des Bundesvorstandes des DFD, Heidi End. Anwesend war weiterhin Elisabeth Weiß, Mitglied der Kommission Sozialistische Familienerziehung beim Präsidium des Bundesvorstandes des DFD. In der Aufzeichnung des Gesprächs[393] werden sowohl Ursula Sillge als auch Inge Schulz als aktive, mit der sozialistischen Gesellschaft verbundene Persönlichkeiten mit parteilich und gesellschaftlich orientiertem Auftreten beschrieben. Inge Schulz ordne ihre persönliche Problematik „ganz eindeutig“ gesellschaftlichen

389 SW S-C Deine Gesundheit 1987

390 Protokoll IGT 1988

391 Brief Sillge DFD 1988

392 ibd. Dieser Brief ist eines der wenigen Dokumente, in dem der „Sonntags-Club“ sich speziell auf Lesben bezieht.

393 Gesprächsinformation Sillge-DFD 1988

Fragen unter. Die Frauen vom Sonntags-Club erklärten die Situation lesbischer Frauen in der DDR. Diese stünden im Berufsleben und fielen unter die Kategorie „alleinstehend". Ein Teil von ihnen hätte Kinder. Es wurde beklagt, dass die Probleme homosexueller Frauen in der Öffentlichkeit nicht bekannt seien, nicht diskutiert würden und auf der Grundlage alter Vorurteile wenig Verständnis für die Lebensweise solcher Frauen bestünde. Auch auf die Probleme, denen die Kinder von Lesben ausgesetzt sind, wurde verwiesen.

Die beiden Frauen wollten die Position des DFD zu diesen Fragen ergründen. Von Interesse war für sie auch, inwieweit der DFD beeinflussen könne, dass in der Öffentlichkeit ihre Probleme artikuliert werden, und wie sch lesbische Frauen selbst in der Organisation deutlich machen können. Die Vertreterinnen des DFD verwiesen auf die Verfassung der DDR, die jedem Bürger die gleichen Rechte und Pflichten zusichert und auf die gesetzlich verankerte Überwindung der Diskriminierung von homosexuellen Bürgern. Für die Frauenorganisation gäbe es daher keinen Grund, lesbische Frauen in irgendeiner Weise besonders zu klassifizieren. Der DFD sei offen für Frauen unterschiedlicher Klassen, Schichten und Gruppen, und gerade in der Einheit der Frauenbewegung liege ihre Stärke. „Wir können sie [=die lesbischen Frauen, S.K.] nur auffordern, sich selbst und damit auch ihre persönlichen Probleme in die Vielfalt unserer Arbeit einzubringen, die der DFD entsprechend den Bedürfnissen und Möglichkeiten der Gruppen im Wohngebiet gestaltet. Die Überwindung von Vorurteilen wird in dem Maße erfolgen, in dem die Gesamtpersönlichkeit bekannt wird, gegenseitiges Vertrauen entsteht und damit auch über die Probleme der Einzelnen gesprochen wird." Die Besucherinnen boten an, im Rahmen von Veranstaltungen, die sich mit Problemen der Lebensweise, Partnerschaft und Sexualität befassen, die Probleme homosexueller Bürger zu diskutieren. Das Angebot von Referentinnen ließen die DFD-Frauen ebenfalls „im Raum stehen". Die Vertreterinnen des DFD brachten zum Ausdruck, dass Kampagnen der Aufklärung über Homosexualität nicht am Platze seien. Der Wunsch von Ursula Sillge und Inge Schulze, die Probleme lesbischer Frauen unter Mitwirkung des DFD in die Presse zu bringen, wies der DFD ebenfalls zurück. Weitere Kontakte sollten fortgesetzt werden - die auch wegen der großen Offenheit der Kirche gegenüber den Problemen Homosexueller notwendig scheint. Die Frauen verwiesen auf die hohe Selbstmordrate und die Gefahr, dass sich Homosexuelle an „andere Kräfte" wie die Kirche wenden könnten[394].

---

394 Gesprächsinformation Sillge-DFD 1988

Kooperation innerhalb des schwul-lesbischen Netzwerks

Nachdem in mehreren Städten der DDR Klubs und Arbeitsgemeinschaften außerhalb des kirchlichen Rahmens gegründet waren, begannen sie sich zu vernetzen. Der „Sonntags-Club" pflegte Kontakt zu den verschiedenen Gruppen, da im Zusammenschluss eine Stärke gesehen wurde. Ein größerer zahlenmäßiger Umfang und eine gewisse Intensität durch Zusammenhalt würde nicht so einfach zum Stillstand gebracht werden können, wie dies bei einzelnen, kleineren Akteuren der Fall wäre[395].

Eine Form der Vernetzung war die überregionale „Interessengruppe Theorie" (IGT), die sich 1988 gründete. Ihre Inhalte waren der Austausch über das Integrationsverständnis, spezifische Bedingungen der Individualitätsentwicklung Homosexueller im Sozialismus. Die Emanzipation Homosexueller und die Schaffung notwendigen Kommunikationsformen waren weitere Inhalte. Vor allem aber spielte die Arbeit an einer umfassenden Kritik des in der DDR alternativlos vermittelten Ehe- und Familienideals eine Rolle. Über die IGT ist auch eine Vernetzung mit den kirchlichen Arbeitskreisen versucht worden, wobei es zu Spannungen im ideologischen Bereich kam[396]. Vertreter des Sonntags-Clubs nahmen ebenso wie Angehörige anderer Vereinigungen an Treffen der DDR-weiten Koordinierungsgruppe der kirchlichen Arbeitskreise als Gäste teil[397]. Auch innerhalb Berlins wurde Vernetzung praktiziert, auch wenn diese nicht reibungslos funktionierte. Zur sinnvollen Zusammenarbeit wurde eine Berliner Kontakt-Gruppe verschiedener Kreise gebildet. Außerdem reisten Vertreter des Sonntags-Clubs, z.B. Ursula Sillge, im Land umher und hielten Vorträge, z.B. am 13.6 zum Thema Magnus Hirschfeld in der AG „RosaLinde"[398] in Leipzig.

Innerhalb der International Lesbian and Gay Association (ILGA) hatte die Homosexuelle Initiative Wien den Eastern European Pool (EEIP) übernommen und half, Kontakte zwischen den Gruppen in den sozialistischen Ländern zu knüpfen. In ihrer Regie fanden Konferenzen osteuropäischer Homosexuellengruppen statt. An der Tagung vom 21.-23.4.1989 in Budapest nahmen aus der DDR vor allem Vertreter des Sonntags-Clubs teil[399]. Ursprünglich hätte Ost-Berlin Tagungsort sein sollen, aufgrund der hiesigen weitverzweigten Aktivität Homosexuel-

---

395 Karstädt 1996

396 Thinius 2006, S. 50

397 Protokoll S-C vom 26.7.1988

398 Programm RosaLinde 04-12 1989

399 Brühl 2006

ler. Aus politischen Gründen musste jedoch eine Planungsänderung stattfinden[400].

IV.4.c Strategien

„Natürlich war unsere Arbeit nicht unpolitisch, aber wir haben, wenn wir mit den Genossen gesprochen haben, immer auf die menschliche, kulturelle, auch psychotherapeutische Seite verwiesen. Ich hätte mich gehütet, zu sagen: ‚Das, was wir stellen, sind politische Forderungen.'"[401] Es war in der DDR kaum möglich, Interessen zu artikulieren, die nicht in der allgemeinen Ideologie vorgesehen waren, ohne als anders denkend und abweichlerisch eingestuft zu werden. Daher wurde nach einer Strategie verfahren, die die Ziele des Staates gleichzeitig anerkannte, sie aber gleichzeitig im eigenen Sinne zu instrumentalisieren versuchte. Zur Erreichung ihres Zieles, der Integration Homosexueller in die Gesellschaft, versuchten Aktivisten des „Sonntags-Clubs", den Staat beim Wort zu nehmen und die Möglichkeiten der Entfaltung der sozialistischen Persönlichkeit tatsächlich einzufordern[402]. Ebenso wurde verfahren bei der Kontaktaufnahme zum DFD, an den als Vertreter aller Frauen in der DDR appelliert wurde. Gegenüber den Behörden argumentierten Mitglieder des Sonntags-Clubs, dass kirchliche Treffpunkte als Kontaktmöglichkeit für homosexuelle Bürger/innen nicht ausreichten[403]. Mit dieser Begründung schlossen sie sich der zurückdrängenden staatlichen Haltung gegenüber kirchlichem Wirken an.

Der „Sonntags-Club" beschäftigte sich laut der vorliegenden Programme selten mit frauenspezifischen Themen. Durch die paritätische Struktur des Clubs war aber die Mitwirkung von Frauen in allen entscheidenden Positionen gewährleistet, ebenso dadurch, dass mit Ursula Sillge eine Frau an der Spitze dieser Vereinigung stand.

400 Lambda 1989
401 Sillge nach Karstädt 1996
402 Bettels 2003
403 Sillge 1991

IV.5 Die Arbeitsgemeinschaft Homosexualität „Courage"

IV.5.a Entstehung und Selbstverständnis

Die Arbeitsgemeinschaft Homosexualität „Courage" gründete sich am 5. Februar 1989 als Abspaltung vom Sonntags-Club im Berliner Klub der Volkssolidarität in der Wilhelm-Pieck-Straße[404]. Sie diente vor allem den Treffen jüngerer Lesben und Schwuler außerhalb bekannter Gaststätten[405]. Bis zum Juni 1989 gab es Bemühungen um die Anbindung an das Kreiskulturhaus Prater in Berlin[406]. Letztendlich trat die Arbeitsgemeinschaft im September 1989 dem sich im Juni 1989 gegründeten Freidenkerverband der DDR bei[407]. Der von der SED unabhängige Verband hatte sich neben der Diskussion weltanschaulicher Fragen die aktive Lebenshilfe für Bürger zur Aufgabe gemacht. Trotz der Eingliederung der „Courage" wurde moniert, dass man auch innerhalb des Verbandes um Akzeptanz kämpfen müsse[408].

Im ersten Programm der Arbeitsgemeinschaft, erschienen unter dem Motto: „Mach mit! Mach Fortschritt!"[409], hieß es dazu: die neue Arbeitsgemeinschaft sei gegründet worden für homosexuelle Bürger - und alle, die mitwirken wollen an den Zielen der Arbeitsgemeinschaft. Der Schwerpunkt sollte auf die Schaffung von Begegnungsmöglichkeiten für Schwule und Lesben sowie Heterosexuelle[410] gesetzt werden, ein breites Kulturangebot eingeschlossen. Anliegen dieser Begegnungsmöglichkeiten waren Akzeptanz und Integration Homosexueller in die sozialistische Gesellschaft. Die Gründungsmitglieder waren in der Mehrzahl Männer, und einige Frauen aus verschiedenen Bereichen und der Leitung des Sonntags-Clubs. Als Grund für die Abspaltung wurde das Interesse an einer wirksamen Tätigkeit und die öffentliche Integration Homosexueller in die Gesellschaft erklärt, und die Unzufriedenheit mit der Leitung des Sonntags-Clubs und deren Umsetzung der eigenen Zielstellung. Die Leiterin des Sonntags-Clubs, Ursula Sillge, vertritt hingegen eine andere Version. Ihr zufolge hatte sich im Sonntags-Club eine SED-Gruppe, ein Partei-Aktiv, gebildet und nach internen Auseinandersetzungen abgespalten[411].

---

404 Jahresbericht 1989
405 Information Courage 1989
406 Information Courage 1989
407 Jahresbericht Courage 1989
408 Info-Blatt Courage 6/1989
409 Programm März-April 1989
410 Jahresbericht 1989
411 Sillge 1991

In der Selbstdarstellung im Programm Cafe vom Mai 1989 heißt es: „Wir sind Schwule, Lesben und andere Leute, die durchaus schlechte Erfahrungen gemacht haben, ob man nun selbst z.B. beruflich nicht weiterkommen konnte, das Geläster der Hausgemeinschaft nicht mehr ertrug oder ob man eben entsetzt war über die tragischen Dinge, die Bekannten, Freunden, Kindern oder Eltern widerfuhren, als sie sagten: Ich bin schwul/lesbisch." Veranstaltungen der Arbeitsgemeinschaft fanden bei verschiedenen Institutionen statt, im Klub der Werktätigen, im Klub der Bauarbeiter, bei der Volkssolidarität und anderen Einrichtungen. Die Veranstaltungen waren bunt gemischt, es gab Diskussions- und Treffabende, Wanderungen, gemeinsame Theaterbesuche, Englischkurse, Teilnahme an Wohngebietsfesten und ähnliches.

Zu den geplanten Aktivitäten gehörten Veranstaltungen für das Klubhaus, Informationsangebote für Schulen, Beratung und Kontakte zu anderen Arbeitsgemeinschaften, erklärtermaßen auch dem Sonntags-Club. Dabei war eine enge Zusammenarbeit mit staatlichen und gesellschaftlichen Organen avisiert[412]. Veranstaltungen informativen Charakters sollten gestaltet werden. Das erste öffentliche Auftreten der Arbeitsgemeinschaft war das Pfingsttreffen der FDJ, an dem auch andere Gruppen aus der DDR mitwirkten. „Inzwischen haben mehrere ermutigende Gespräche mit dem Magistrat, der Partei und der FDJ stattgefunden, Freunde und Freundinnen, wir brauchen nicht die Tür einzuschlagen, sie ist schon offen, wenn sie auch noch nicht aus den Angeln gehoben ist!"[413]

Die „Courage" bekam die Möglichkeit, an jedem 1. Sonntag im Monat Räume im Jugendklub in der Wilhelm-Pieck-Straße zu nutzen. Dieser Jugendklub meldete die Veranstaltungen für die Arbeitsgemeinschaft an und nahm sie in seine Veranstaltungswerbung, etwa auf Plakaten, auf[414]. In einem Statutentwurf[415] ist als selbst gestelltes Ziel weiterhin angegeben, ein kulturvolles sozialistischen Gemeinschaftslebens zu entwickeln und zur Herausbildung der sozialistischen Lebensweise beizutragen. Vor allem sollte die Arbeitsgemeinschaft Begegnungsstätte für homosexuelle Bürger sein und auf ihre Bedürfnisse nach sozialem Kontakt, Geselligkeit, nach Information und Kommunikation reagieren, um zur Stärkung des Selbstbewusstseins homosexueller Bürger und zur Partnerfindung beizutragen. Auch Aufklärung und Öffentlichkeitsarbeit wurden angestrebt. Kontakte zu staatlichen und gesell-

412 Programm März-April 1989

413 a.a.O., S. 2

414 Rahmenvereinbarung 1989

415 Entwurf Statut Arbeitsgemeinschaft, 1989. Bestand Archiv Schwules Museum Berlin, ohne Signatur

schaftlichen Partnern sollten ausgebaut und genutzt werden für die Verbesserung der allgemeinen Lebensbedingungen homosexueller Bürger[416].

Es gab verschiedene Arbeitsbereiche, wie Beratung und Betreuung, Kultur, Klubarbeit, Veranstaltungen, Öffentlichkeitsarbeit und ein SED-Parteiaktiv. Auch bei der „Courage" gab es eine Postgruppe, die zuständig war für die Beantwortung eingehender Post. Im Rahmen der Selbsthilfe wurde auch ein Kontakttelefon eingerichtet[417].

Es gab Bemühungen von Seiten der „Courage", mit der Bezirksleitung Berlin der FDJ Gespräche über die Organisation eines eigenständigen Clublebens zu führen[418].

IV.5.b Themen und Aktionen

Das Wirken „nach innen"

Die Aktivitäten waren der Arbeitsgemeinschaft „Courage" waren auch nach innen gerichtet, beschäftigten sich mit besonderen Problemen und boten Informationen, Aussprache, Hilfe und Unterstützung.

Kooperation innerhalb des schwul-lesbischen Netzwerkes

Die Arbeitsgemeinschaft Courage agierte in engem Kontakt zu anderen nicht-kirchlichen Gruppierungen. Dabei kam es auch zu Rivalitäten, da die Arbeitsgemeinschaft als „Partei-Club" galt[419].

In den Programme wurden außer den Terminen der Courage auch „Interessantes von anderswo" mit abgedruckt, was sich in der Regel auf Veranstaltungen von Arbeitsgruppen und Gemeinschaften in anderen Städten bezog, aber auch die des „Sonntags-Club". Innerhalb Berlins wurde der Austausch gepflegt über die Kontaktgruppe der homosexuellen Interessengemeinschaften.

An der Tagung der Koordinierungsgruppe der kirchlichen Arbeitskreise Homosexualität nahm als Gast auch „Courage" teil. Thema war u.a. die Aktion „Rosa Winkel". Kirchliche und nichtkirchliche Gruppierungen planten die Errichtung zweier Gedenktafeln für homosexuelle

416 a.a. O.
417 a.a.O.
418 Info-Blatt Courage 5/1989
419 Information Courage 1989

Opfer des Faschismus, die in den ehemaligen Konzentrationslagern Buchenwald und Sachsenhausen aufgestellt werden sollen[420].

Neben der Interessengruppe „Theorie“ bildete das „Forum Homosexualität und Gesellschaft“ aller Arbeitskreise, Klubs und Arbeitsgemeinschaften Homosexualität in der DDR Forum für republikweiten Austausch. Besucherinnen der „Courage“ waren auch auf der Tagung der Evangelischen Akademie „Homosexuelle 89 - fortgesetzte Versuche zur Verständigung“ zu lesbischen Frauen zugegen.

Auf der internationalen Ebene vertrat „Courage“, neben Arbeitskreisen aus dem kirchlichen Spektrum, homosexuelle Gruppierungen der DDR. Der FDJ-Zentralrat entsandte die Arbeitsgemeinschaft auf die Jahreskonferenz der International Lesbian and Gay Association (ILGA) in Wien. Fred Beuchel, Eike Stedefeldt und Colin Sherman bildeten die rein männliche Delegation bei der Tagung vom 16.-22.7.1898. Dort erstatteten sie Bericht über die Situation Homosexueller in der DDR[421]. Es ist davon auszugehen, dass die FDJ zur Entsendung der „Courage“ nach Wien auch den Hintergrund hatte, dass man von offizieller Seite nicht wünschte, dass nur Gruppen aus dem Umfeld evangelischer Gemeinden die DDR in Wien repräsentierten.

Im Infoblatt der Courage vom September 1989[422] wird über diese Konferenz und deren Veranstalter berichtet. Vor allem wurde hier geschildert, dass sich die DDR unter den vier oder fünf fortschrittlichsten Ländern der Welt in bezug auf Umgang mit Homosexuellen befindet. Die Gruppen aus der DDR-Gruppen waren keine ILGA-Mitglieder. Bei der Auswertung der ILGA-Konferenz trat Courage an den Gewerkschaftsbund der DDR (FDGB) heran, um diesen auf die Rechte Homosexueller am Arbeitsplatz hinzuweisen. Es erfolgte keine Reaktion[423].

Feministische Diskursstränge

Die Programme der Arbeitsgemeinschaft Courage beinhalteten keine Termine zu spezifisch lesbischen Problemstellungen. Die meisten bearbeiteten Sachverhalte betrafen beide Geschlechter, ein kleiner Teil schwulenspezifisches. Frauenrelevantes wurde trotz der Beteiligung von Frauen an der Arbeitsgemeinschaft nicht ins Programm aufgenommen.

---

420 Programm Courage März 1989

421 Jahresbericht 1989

422 Infoblatt Courage September 1989

423 Jahresbericht 1989, S. 2

Allein am 8. März wird der Frauen gedacht: „Internationaler Frauentag: Glückwunsche an alle Frauen! - Die anderen Männer“[424]. Es sei dahingestellt, ob die letzte Bemerkung ironisch gemeint ist. Es ist dennoch bezeichnend, dass an der einzigen Stelle in den Zeugnissen die der Arbeitsgemeinschaft, die sich explizit auf Frauen bezieht, diesen die Weiblichkeit abgesprochen wird.

Das Wirken nach außen - Öffentlichkeitswirksames

Kommunikation mit Öffentlichkeit und Institutionen

Die „Courage“ zielte bei ihrer Kommunikation mit Öffentlichkeit und Institutionen wie die anderen Emanzipationsgruppen auf Kontakt zu Wissenschaftlern ab, es gab Bemühungen Kontakte zum interdisziplinären Arbeitskreis an der Humboldt-Universität Berlin aufzunehmen.

Die Institutionen, mit denen die „Courage“ in erster Linie Kontakt suchte, waren staatliche Stellen. Von einer Einbindung in deren Strukturen erhoffte man sich die Integration auch der eigenen Arbeitsgemeinschaft. Auf dieser Basis rechnete man sich auch eine Legitimation homosexuellen Lebens und Engagements auf offizieller Seite aus, die wiederum auf die Gesellschaft als ganze zurückwirken sollte. Im Februarprogramm[425] etwa wurde von Gesprächen mit der Bezirksleitung der SED berichtet, Kontaktversuche zum Berliner Magistrat, dem Zentralrat und der Berliner Bezirksleitung der FDJ. Vor allem die Jugendorganisation schien der „Courage“ erfolgsversprechender Ansprechpartner. Dabei wurden verschiedene Strategien gefahren. Zum einen brachte man sich hin und wieder durch Grußschreiben in Erinnerung, eines erging zum 43. Jahrestag der FDJ an Eberhard Aurich, in dem „unsere Glückwünsche und Dankesworte mit der Überzeugung verbunden [wurden, S.K.], gemeinsam weiteres erreichen zu können.“ [426] In Zusammenarbeit mit der FDJ entwickelte sich dann auch die Teilnahme am Pfingsttreffen der Jugend 1989. Seit Jahresmitte 1989 nahmen „Courage“-Mitglieder auch regelmäßig an Beratungen im Zentralrat der FDJ teil, Vorschläge zur Integration junger Homosexueller in die Jugendorganisation sollten erarbeitet werden. Das Ziel dabei war die Interessenvertretung Homosexueller in der FDJ als auch auf staatlicher Ebene über die Volkskammerfraktion der FDJ.[427].

---

424 Programm Courage März/Juni 1989, S. 3

425 Info-Blatt Courage 2, März 1989

426 Info-Blatt Courage 2, März 1989

427 Information zu Auseinandersetzungen in der Courage 1989

Die Strategie der Akzeptanz auf höherer Ebene der SED verfing dagegen nicht, obgleich der Leiter der „Courage", Fred Beuchel, ehemaliger Parteisekretär der Jugendhochschule in Buckow gewesen war und enge Beziehungen zur SED-Bezirksleitung und zum 1. Sekretär der Bezirksleitung der SED, Günter Schabowski[428], hatte. Nach einem Treffen zwischen Beuchel und Schabowski im Frühjahr 1989 wurde dem Leiter der Courage beschieden, dass man eine zweite Homosexuellengruppe in Berlin nicht zugelassen würde[429]. Bei der Staatssicherheit ging man davon aus, dass innerhalb der AG Courage einige Personen der AG unter dem Deckmantel der SED-Parteilinie sich nur Anerkennung verschaffen wollen um ihre Ziele durchzusetzen, auch wenn es sonst keine Hinweise auf Missbrauchserscheinungen gäbe.

In Zusammenarbeit mit anderen homosexuellen Interessengemeinschaften in der DDR nahm sich auch die „Courage" der Thematik der homosexuellen Opfer des Nationalsozialismus an. Vor allem ging es um die Aufarbeitung des Schicksals schwuler und lesbischer Inhaftierter in Konzentrationslagern. Im August 1989 zeigte sich ein Erfolg; die Leitung der Gedenkstätte Sachsenhausen hatte sich bereit erklärt, den Zugang zu den Akten homosexueller Häftlinge zu ermöglichen[430].

Das Pfingsttreffen der Jugend 1989

In der Öffentlichkeit wurde die Arbeitsgemeinschaft durch ihr besonderes Engagement beim Pfingsttreffen 1989 bekannt[431]. Insgesamt wurden 22 Veranstaltungen und ein Informationsstand im Friedrichshain von ihr gestaltet. Das Ziel des Mitwirkens war die Arbeit an Veränderungen im gesellschaftlichen Bewusstsein in Richtung auf mehr Toleranz und Akzeptanz, und mehr Bereitschaft zur Einbeziehung Homosexueller. Die Beteiligung am Pfingsttreffen der FDJ habe „auch dazu beigetragen, die Haltung unserer Mitglieder zur Freien Deutschen Jugend weiterzuentwickeln, die FDJ deutlicher als Interessenvertreter aller Jugendlichen zu verstehen"[432]. Der Sekretär Kultur der FDJ-BL Berlin, Börner, gleichzeitig Leiter der Bezirkskonsultationsstelle für Jugendklubs, hatte sich nach einem Treffen am 26. April 1989 mit zwei Vertretern der „Courage" für die größtmögliche Unterstützung der Arbeitsgemeinschaft ausgesprochen. Hauptgrund war die Tatsache, dass viele Mitglieder der Arbeitsgemeinschaft Genossen waren. Unter-

---

428 Information Courage 1989

429 Stedefeldt 2006

430 Beschlussprotokoll Courage 24.8.89

431 Thinius 06

432 Junge Welt, 7.6.1989

stützung bekam Börner für dieses Ansinnen auch vom Bezirkskabinett für Gesundheitserziehung[433].

Bei der Planung der Beteiligung der Arbeitsgemeinschaft Homosexualität „Courage“ wurden auch andere Clubs und Arbeitsgemeinschaften einbezogen. Der Öffentlichkeit sollte an diesem Ort das Integrationsprogramm der Arbeit nichtkirchlicher Gruppen für Schwule und Lesben bekannt gemacht werden.

Die am Stand der „Courage“ Mitwirkenden bekamen Verhaltensrichtlinien für den Umgang mit Journalisten, vor allem mit ausländischen Medienvertretern. Von diesen seien Presseausweise und Interviewerlaubnis zu fordern, und keine Auskunft ohne Information des FDJ-Sprechers zu geben[434]. Der Zentralrat der FDJ zum Pfingsttreffen hatte weiterhin festgelegt, dass nichts ungenehmigt verteilt werden, und bei der Betreuung des Info-Standes von „Courage“ nur jeweils ein Vertreter eines anderen Clubs anwesend sein dürfe[435].

Die Arbeitsgemeinschaft schätzte ihre Teilnahme am Pfingsttreffen als großen Erfolg ein. Die Beteiligung bekennender Homosexueller am Pfingsttreffen mit breiter Unterstützung Jugendorganisation stellte ein absolutes Novum dar[436]. Die Gründe für diese Situation wurden mit der politischen Linie des XI. Parteitages der SED 1986 erklärt, in der es heißt, dass „die Attraktivität des sozialistischen Staates in dem Maße wächst, wie die Individualität seiner Mitglieder ausgeprägt wird.“[437] Daher sei es Homosexuellen möglich, ihre Bereitschaft zur Mitverantwortung in der Gesellschaft zeigen zu können. Die Staatssicherheit hatte beobachtet, dass sich am Info-Stand der Courage viele nichtkirchliche Klubs der DDR beteiligt hatten, auch der „operativ bekannte“[438] Sonntags-Club. Eine unerwartet hohe Resonanz und eine offene Atmosphäre bei Gesprächen über Homosexualität wurden beobachtet. Das Deutsche Rote Kreuz hatte Filme über Homosexualität gezeigt, Info-Material zu AIDS und allgemeinen Problemen Homosexueller wurden angeboten. Unter den interessierten Besuchern entdeckte die Staatssicherheit auch Lehrer und Erzieher sowie Angehörige der Volkspolizei[439].

Von Seiten der Arbeitsgemeinschaft wurde in der Auswertung bemängelt, eigenen politischen Ansprüchen nicht treu geblieben zu sein. Zu

---

433 Operative Information Courage zum Pfingsttreffen 1989

434 Info-Blatt Courage Pfingsten 1989

435 Info-Blatt Courage Pfingsten 1989

436 a.a.O.

437 a.a.O.S.1

438 Informationen zu Aktivitäten der Courage beim Pfingsttreffen 1989

439 Informationen zu Aktivitäten der Courage beim Pfingsttreffen 1989

groß sei die Zurückhaltung bei einzelnen Veranstaltungen gewesen, man habe sich nicht genügend auseinandergesetzt mit dem Pessimismus zu den Möglichkeiten Homosexueller in der sozialistischen Gesellschaft. Viele homosexuelle Jugendliche verstünden sich als Minderheit[440]. Dennoch war es ein Erfolg, dass den Besuchern vor Augen geführt wurde, dass Homosexualität weder zwingend zur Isolation führt noch von gesellschaftlichen Kräften verfemt wird. Das sei besonders wichtig für Jugendliche aus kleineren Ortschaften. Für sie war die Einordnung eines homosexuellen Standes in FDJ-Zusammenhänge persönlich hilfreich, um sich besser in das Wertsystem des sozialistischen Humanismus einordnen zu können. Eine neue Form sei es gewesen, dass auch „christlich Engagierte"[441] ins Gespräch mit „Courage" gekommen wären. Eine große Zahl der Interessenten war heterosexuell. Da Besucher aus der ganzen DDR kamen, war es gut, dass auch Arbeitsgemeinschaften aus anderen Städten den Stand mitbetreuten. Ein reges Interesse hatte auch am Café „C" bestanden, einem Treffpunkte für junge Homosexuelle, wie sie ansonsten in Berlin und anderswo fehlten. Die Hoffnung bestand, dass dieser Erfolg weitere Möglichkeiten eröffnen würde. Einzelnes war in Zusammenarbeit mit dem Kreiskulturhaus Prater verwirklicht worden. Weder auf dem Pfingsttreffen selbst noch in den Beiträgen darüber wurde explizit über weibliche Homosexualität und ihre spezifische Problemlage referiert. Am Stand war auch ein Toleranztest veranstaltet worden, der von Wissenschaftlern der Humboldt-Universität aufgearbeitet werden sollte[442]. Viele Besucher hätten geäußert, dass sie wenig über Homosexualität wüssten. Die Standbetreuer hatten mehr Anfeindungen erwartet - die blieben aber aus[443]. Ganz im Gegenteil hatte die Tatsache, dass die Menschen hinterm Stand „normal" aussähen, und die Einordnung in FDJ-Zusammenhänge Voreingenommenheiten ins Wanken gebracht. Auch Pionierleiter und Lehrer hatten sich informieren wollen. Medienvertreter waren auch sehr interessiert, die Berichterstattung fiel dafür sehr mager aus. Nur die „Leipziger Volkszeitung" und „Der Morgen[444]" druckten neben der „Jungen Welt" Beiträge. Der Artikel in der „Jungen Welt" erschien am 7.6.89 unter dem Titel „Die FDJ vertritt auch unsere Interessen", in dem sich „Courage" „sehr herzlich beim Zentralrat der Freien Deutschen Jugend für die Ermöglichung unserer Beteiligung am Pfingsttreffen der Jugend 1989" bedankte[445]. Dabei

440 Info-Blatt Courage Pfingsten 1989
441 ibd.
442 ibd.
443 ibd.
444 Zentralorgan der Liberal-Demokratischen Partei Deutschlands (LDPD)
445 Junge Welt vom 7.6.1989

wurde die Veröffentlichung des Erreichten und der Fortschritte auf dem Gebiet der sozialistischen Gesellschaft als wichtig eingestuft.[446] Der Artikel hatte Signalwirkung für andere Klubs in der DDR.

Nach dem Pfingsttreffen gingen die Bestrebungen der Arbeitsgemeinschaft „Courage" dahin, eine Gegenöffentlichkeit zu einschlägigen Lokalen der homosexuellen „Szene" zu schaffen. Für die Möglichkeiten der Einbringung homosexueller Thematiken sollten Kreissekretariaten der Nationalen Front Vorschläge für Vorträge unterbreitet werden.[447]. In der folgenden Zeit hatte es Anfragen zur Beteiligung von „Courage" an Jugendklubveranstaltungen zum Thema Homosexualität gegeben. Im Spätsommer 1989 wurde der Klub der Volkssolidarität genutzt, um einen weiteren Ort des Zusammentreffens zu schaffen, der „Treff 203"[448]. Dieser Ort wurde allwöchentlich genutzt, „um miteinander ins Gespräch zu kommen, Leute kennenzulernen, Neuigkeiten zu erfahren oder einfach unter Menschen zu sein."[449]

Im September stellte sich „Courage" bei der Bezirkswerkstatt Berliner Jugendklubs vor, das Angebot zur Kooperation wurde hier angenommen. Ein Informationsstand der „Courage" begleitete Filmvorstellungen im November 1989 im Kino International und auch URANIA-Vorträge und Wohngebietsfeste. Auf diese Weise wurden viele Menschen erreicht[450]. In den Programmen fanden sich Internationale Themen, etwa Berichte über die Revolutionsfeiern homosexueller Sandinistas in Nikaragua[451] oder Solidaritätsbekundungen mit inhaftierten Schwulen in Australien.

Im Rahmen der Öffentlichkeitsarbeit wurde im September die Fernseh-Jugendsendung „hautnah" und auch zwei Sendungen der populärwissenschaftlichen Reihe „AHA" mitgestaltet. Auch Radio Berlin International berichtete über die Arbeitsgemeinschaft, und auf dem Jugendradiosender DT64 wurden einige Veranstaltungshinweise publik gemacht. Kontakte zu Regisseuren von Dokumentationen zu Homosexualität und die Zusammenarbeit mit DT64 waren Schwerpunkte des Programm vom März-Juni 1989.

Es fanden sich in den Programmen auch Buchrezensionen, etwa zu „Und diese Liebe auch" von Günter Grau, das nur über kirchliche Buchhandlungen erhältlich war.

---

446 ibd.

447 ibd.

448 Programm Cafe „C", September-Dezember 1989.

449 Jahresbericht 1989

450 Jahresbericht 1989

451 Info-Blatt Courage 6/1989, S. 5

Im Rahmen des Selbsthilfeanliegens der Arbeitsgemeinschaft wurde als Ratgeber eine Broschur zur Homosexualität erstellt. Zur Information über die Rechte von Schwulen und Lesben anderswo wurde in Info-Blatt der Arbeitsgemeinschaft 2/1989 ein Papier des irischen Gewerkschaftsverbandes, „Rechte von Lesben und Schwulen am Arbeitsplatz", abgedruckt.

Die Programme der Arbeitsgemeinschaft „Courage" erschienen mit dem Schutzvermerk „Nur für internen Gebrauch". Explizit lesbische oder frauenbezogene Themen enthielten sie nicht. Die Veranstaltungen richteten sich in der Regel an beide Geschlechter, ein kleiner Teil beschäftigte sich stets mit explizit schwulen Themen.

Die Planung für das Vorgehen im Sommer beinhaltete[452] unter anderem den Vorschlag des SED-Parteiaktivs, Zuarbeit für den um XII Parteitag und das FDJ-Parlament zu leisten. Eine Ansprache zum 50. Jahrestag des Beginns des Zweiten Weltkriegs am 1. September, der in der DDR als „Weltfriedenstag" begangen wurde, wurde gleichfalls geplant. Ob diese tatsächlich erfolgte, ist nicht überliefert.

IV.5.c Strategien

Die Mitglieder der Courage betonten von Anfang an, dass es ihnen um Integration in die sozialistische Gesellschaft gehe, um die „Schaffung umfassender Normalität, bei der die sexuelle Orientierung nicht die Ursache für Trennungen sein kann: Die Möglichkeiten, dieses Land mitzugestalten, die Rechte und Pflichten jedes Staatsbürgers" sollten genutzt werden[453]. Dieses Ansinnen und die beständigen Bestrebungen, Foren staatlicher Institutionen zu nutzen, kennzeichneten das Wirken der Arbeitsgemeinschaft „Courage". Auch die Versuche, sich in das Gefüge der offiziellen Jugendorganisation, der FDJ, und der SED einzubinden, zeugen von der Strategie der Vereinnahmung bestehender Strukturen zur Erreichung homosexueller Emanzipation. Lesben wurden in diese Zielstellung mit einbezogen. Darüber hinaus waren weibliche Lebensbedingungen, soweit aus den Quellen ersichtlich wird, nicht im Fokus der Arbeitsgemeinschaft. Weder im Statutsentwurf noch in den Programmen und Informationsblättern findet sich ein lesbenspezifisches Angebot, auch wenn Frauen bei der „Courage" mitwirkten.

---

452 Beschlussprotokoll der Leitungssitzung vom 23.6.89

453 Thinius 2006, S. 49

V Resümee

In der Zusammenfassung des ersten Teils meiner Untersuchung lässt sich feststellen, dass das Frauenbild in der DDR der achtziger Jahre wenig differenziert war. Das Frauenbild der DDR war in den achtziger Jahren in Symbolen, Medien und der Frauenorganisation vor allem geprägt von den Faktoren Mutterschaft, Ehe und Berufstätigkeit. In Politik und wissenschaftlichen Institutionen fand darüber hinaus die Problematik der geringen Präsenz von Frauen in Leitungspositionen Eingang in die Diskussion, allerdings kaum in Veröffentlichungen. Die Beseitigung dieser Tatsache wurde nicht ernsthaft angegangen. Offizielle Verlautbarungen, etwa Glückwunschbeiträge zum Frauentag am 8. März zeigten die Frau außerdem als loyale Staatsbürgerin und im gelenkten gesellschaftlichen Rahmen als engagiert für den Frieden. Die Untersuchung brachte zwei weitere Ergebnisse. In den untersuchten Teilaspekten zeigte sich das Frauenbild sehr eng gefasst. Andere Lebensformen als die heterosexuelle Ehe und Familie fanden keinen Eingang, so dass lesbischen Frauen keine Verortungsmöglichkeiten im propagierten Gesellschaftsgefüge eingeräumt wurde. Sie blieben in der Öffentlichkeit unsichtbar. Zum anderen zeigt sich „die Frau" der Normvorstellung als angepasster Mensch. Sie fügt sich ein in Kollektiv und Familie. Wo sie sich für den Frieden engagiert, wird ihr nur bei öffentlichen Kundgebungen Raum dafür zugestanden, nicht in einem alternativen oder selbst organisierten Rahmen. An der weiblichen Emanzipation wirkende Frauen werden für die Gegenwart nicht gezeigt. In wissenschaftlichen und Verlautbarungen existierten Frauenrechtlerinnen nur in der Zeit Clara Zetkins und Rosa Luxemburgs. Für die Frau der Gegenwart waren die *richtigen* Lebensumstände bereits verwirklicht. Bei dem Wunsch nach Engagement wurden genormte Möglichkeiten wie die Teilnahme an Kundgebungen am 8. März oder der Einsatz bei Aktionen des DFD aufgezeigt.

Die Untersuchung lesbischen Engagements im zweiten Teil der Arbeit beschäftigt sich also mit Themen, die in der öffentlichen Wahrnehmung, im Konstrukt des Frauenleitbildes kaum existierten: Frauen, die sich in eigener Initiative organisieren und sich erst dann, bedingt durch die Verfasstheit der sie umgebenden Gesellschaft, an gesellschaftliche Institutionen angebunden hatten – dazu lesbische Frauen, die kaum sichtbar gemacht wurden.

Die untersuchten Gruppierungen zielten in ihrem Wirken auf zwei Aspekte ab. Zum einen auf das Wirken nach *innen;* wobei die Funktion einer Selbsthilfegruppe erfüllt wurde. Die Bewältigung persönlicher Konflikte, Identitätsbildung und die Schaffung eines Milieus, in dem lesbische Frauen Rückhalt finden konnten, wurde in allen drei betrachteten Zusammenschlüssen geleistet. Die „Lesben in der Kirche“ zielten dabei auch auf die Analyse der Lage der Frau in der Gesellschaft ab, beschäftigte sich aber auch mit „privaten“ weiblichen Themen wie der Gesundheit.

In „Sonntags-Club“ und „Courage“ gestaltete sich dies gemeinsam mit schwulen Männern. Soweit aus den Programmen ersichtlich, gestalteten sich dabei keine besonderen Auseinandersetzungen mit Frauenspezifischem.

Bei den in die Öffentlichkeit wirksamen Aktivitäten unterschieden sich die drei Gruppierungen. Der „Sonntags-Club“ bemühte sich um die Schaffung von Freizeitangeboten und die Anbindung Homosexueller an öffentliche Gremien mit dem Ziel der Integration in die Gesellschaft. Dabei wurde auch die Eingliederung in gesellschaftliche Institutionen intendiert. Die Lesben des Clubs versuchten, eine Anbindung an die Frauenorganisation des Landes zu erreichen, oder diese wenigstens zu bewegen, auch für homosexuelle Frauen einzutreten.

Die „Courage“ erreichte die Teilnahme beim Pfingsttreffen der FDJ in Berlin. Dort vertrat sie die Interessen Homosexueller ohne besondere Berücksichtigung eines Geschlechtes. Die Wirkung in der Öffentlichkeit war sehr nutzbringend für Lesben und Schwule. Hier wurde verdeutlicht, dass die FDJ auch die Interessen Homosexueller vertritt. Eine Gesellschaftsanalyse zur Lage der Geschlechter erfolgte nicht, weder bei öffentlichen Aktionen noch bei der inhaltlichen Arbeit. Weibliche Lebensbedingungen waren kein Thema, auch wenn Frauen bei der „Courage“ mitwirkten.

Die Aktionen der „Lesben in der Kirche“ in der Öffentlichkeit, etwa bei den Ehrungen im Konzentrationslager Ravensbrück, zielten auf die Sichtbarmachung homosexueller Frauen in Vergangenheit und Gegenwart ab. Mit dem Gedenken in einer Nationalen Mahn- und Gedenkstätte beanspruchten sie implizit auch, als Lesben am Gründungsmythos der DDR teilzuhaben, von ihm nicht ausgeschlossen zu bleiben.

Im einleitenden Teil war ich davon ausgegangen, dass sich Frauen in lesbischen Emanzipationsgruppen mit den gesellschaftlich vorherrschenden Weiblichkeitsidealen auseinandergesetzt haben.

Wie erwartet, setzte sich die „Homosexuelle Selbsthilfe – Lesben in der Kirche“ sich in besonderem Maße mit der Lebenssituation homosexueller Frauen auseinander. Aber auch die Situation der Frauen in der Gesellschaft im Allgemeinen wurde bei Veranstaltungen dieses Kirchenkreises analysiert. Feministische Ideen wurden vorgestellt und die

Macht der Norm in der herrschaftsstrukturierten Gesellschaft thematisiert. Neben dem Anliegen der Analyse der Geschlechterverhältnisse in der DDR vereinnahmten die Frauen Symbole, die bis dato „reserviert“ waren. Der „Frauentag von unten“ wurde mit anderen Inhalten gefüllt als den staatlich vorgesehenen. Der Versuch, den Mythos des antifaschistischen Widerstandskampfes und die weiblichen Opfer des Nationalsozialismus auch für die Randgruppe der Lesben zu öffnen, wirkte auf staatliche Kräfte als Provokation. Auf diese wurde mit der Entfernung der Hinterlassenschaften der Frauen reagiert und im weiteren mit der gewaltsamen Verweigerung des Zutritts zu den Stätten des Gedenkens.

Der „Sonntags-Club“ hingegen bemühte sich zwar in seiner Arbeitsweise um geschlechterdemokratische Prinzipien. In den Programmen spiegelt sich diese Arbeitsweise nicht wieder. Der größte Teil der Veranstaltungen bezieht sich auf Männer und Frauen, ein kleinerer Teil widmet sich schwulenspezifischen Problematiken. Gesonderte Überlegungen zu Geschlechternormen finden sich nicht. Versuche, sich an den DFD anzubinden, müssen als halbherzig eingeordnet werden, denn bei dieser Frauenorganisation hätte in jedem Falle nur eine Lesbengruppe aus dem Sonntags-Club partizipieren können. Eine solche Abspaltung war aber zu keinem Zeitpunkt geplant.

In der Arbeitsgemeinschaft Courage sind explizite Frauenthemen nicht vertreten. Bei öffentlichen Veranstaltungen repräsentiert die Courage wie auch in der inhaltlichen Arbeit Homosexuelle beiderlei Geschlechts.

Die These, dass sich die Frauen der Kirchengruppe ausführlich mit den Seinszuständen und Rollennormierungen beschäftigten, muss erweitert werden. Auch auf die Sichtbarkeit Homosexueller im allgemeinen Bewusstsein wurde abgezielt - durch die Beanspruchung von Sinnbildern, die für die gesamte Gesellschaft von Bedeutung waren. Die Annahme, dass sich „Courage“ und „Sonntags-Club“ in geringerem Maße mit frauenspezifischem beschäftigten als die „Lesben in der Kirche“, bestätigte sich deutlich.

Es zeigte sich, dass die Hinwendung zu Fragestellungen um Geschlechternormen und -leitbilder in dem Kreis am stärksten vonstatten ging, in dem die größte Entfernung zur staatlichen Ebene gegeben war. Der „Sonntags-Club“, verortet in einem Jugendklub, hinterfragte die Stellung der Frau und somit auch der Lesben nur in geringem Maße. Die Tatsache, dass hier sowohl Männer als auch Frauen organisiert waren, rechtfertigt dies nicht. Eine paritätische Verteilung der Schwerpunkt hätte „weiblichen Themen“ bei weitem mehr Platz einräumen müssen. Gleiches gilt für die FDJ-nahe „Courage“.

Es entsteht der Eindruck, als würde mit der Nähe zu offiziellen Trägern die Bereitschaft sinken, die „Frauenfrage“ zu bearbeiten. So kann angenommen werden, dass diese Beschäftigung die Beteiligten zu sehr in die Nähe von Gesellschafts- und Staatskritik gebracht hätte.

Literaturverzeichnis

Nachschlagewerke und Datensammlungen

Arnd Bauerkämper: Die Sozialgeschichte der DDR. Enzyklopädie deutscher Geschichte Band 76 (Oldenbourg). München 2005 [=Bauerkämper 2005]

Magdalena Baus: Emanzipation. In: Anneliese Lissner, Rita Süssmuth, Karin Walter (Hrsg.): Frauenlexikon. Freiburg/Breisgau 1988, S. 212-221 [=Baus 1988]

Bundesministerium für Familie, Senioren, Frauen und Jugend der Bundesrepublik Deutschland: Gender Datenreport. Kommentierter Datenreport zur Gleichstellung von Frauen und Männern in der Bundesrepublik Deutschland. Auf: www.bmfsfj.de/bmfsfj/generator/Publikationen/genderreport/6-Politischepartizipation-und-buergerschaftliches-engagement/6-3-geschlechtsspezifische-verteilung-der-bundestagsmandate-undder-mandate-der-ddr-volkskammer-im-rueckblick.html, gesehen am 7.10.2007 [=Gender Datenreport 2007]

Bundesministerium für innerdeutsche Beziehungen (Hrsg.):DDR-Handbuch (2 Bde.). 3. Auflage Köln 1985 [=DDR-Handbuch 1985]

Deutscher Verein für öffentliche und private Fürsorge (Hrsg.): Fachlexikon der sozialen Arbeit. Herausgegeben vom 3. Auflage, Frankfurt/Main 1993. [=Fachlexikon 1993]

Renate Wiggershaus: Geschichte der Frauen und der Frauenbewegung in der Bundesrepublik Deutschland und in der Deutschen Demokratischen Republik nach 1945. Wuppertal 1979 [=Wiggershaus 1979]

Literatur Theorie/Methodik

Judith M. Bennett: ‚Lesbian-like' and the social history of Lesbianisms. In: Sue Morgan (Ed.): The Feminist History Reader. London und New York 2006, S. 244-259 [=Bennett 2006]

Jutta Brauckmann: Weiblichkeit, Männlichkeit und Antihomosexualität. Berlin 1981 [=Brauckmann 1981]

Helen Bridge: Women´s Writing and Historiography in the GDR. Oxford/New York, 2002 [=Bridge 2002]

Helmuth Fehr: Unabhängige Öffentlichkeit und soziale Bewegungen. Opladen 1996 [=Fehr 1996]

Andrea Griesebner: „Feministische Geschichtsschreibung". Wien 2005 [=Griesebner 2005]

Sebastian Haunss: Identität in Bewegung. Prozesse kollektiver Identität bei den Autonomen und in der Schwulenbewegung (Diss.). Bürgergesellschaft und Demokratie 19, Wiesbaden 2004 [=Haunss 2004]

Claudia Honegger e.a. (Hrsg.): Gender. Tücken einer Kategorie. Joan W. Scott, Geschichte und Politik. Beiträge zum Symposion anlässlich der Verleihung des Hans-Sigrist-Preises 1999 der Universität Bern an Joan W. Scott. Zürich 2001 [=Honegger 2001]

Alf Lüdtke: Einleitung: Herrschaft als soziale Praxis. In: Ders.: Herrschaft als soziale Praxis. Historische und sozial-anthropologische Studien. Veröffentlichungen des Max-Planck-Instituts für Geschichte 91. Göttingen1991, S. 9-63 [=Lüdtke 1991]

Alf Lüdtke: Die DDR als Geschichte. Zur Geschichtsschreibung über die DDR. In: Aus Politik und Zeitgeschichte. Beilage zur Wochenzeitung „Das Parlament". Bd. 36/1998, Bonn 1998. S. 3-16. [=Lüdtke 1998]

Donna Penn: Queer: Theorizing Politics and History. In: Sue Morgan (Ed.): The Feminist History Reader. London und New York 2006, S. 233-243 [=Penn 2006]

Joan W. Scott: Gender: Eine nützliche Kategorie der historischen Analyse. In: Selbstbewußt. Frauen in den USA. Leipzig 1994, S. 27-75. [=Scott 1994]

Joan W. Scott: Gender and the politics of history. New York 1988 [=Scott 1988]

Joan W. Scott: Feminism and History. Oxford 1996 [=Scott 1996]

Max Weber: Wirtschaft und Gesellschaft. Grundriss der verstehenden Soziologie. 5. Auflage, Tübingen 1980 [1921] [=Weber 1980]

Literatur zum Thema

Hans Jürgen Arendt, Petra Rantzsch, Fritz Staude: Ergebnisse historischer Frauenforschung in der DDR bis 1990. In: Mitteilungsblatt des Forschungszentrums „Frauen in der Geschichte“ 2/1990. Leipzig (Pädagogische Hochschule „Clara Zetkin“) 1990, S. 5-51 [=Arendt 1990]

Lykke Aresin, Kurt Bach, Erwin Günther: Psychosoziale Aspekte der Homosexualität. Gemeinschaftstagung der Sektion Ehe und Familie der Gesellschaft für Sozialhygiene der DDR und der Sektion Andrologie der Gesellschaft für Dermatologie der DDR am 28. Juni 1985. Jena 1986 [=Aresin, Bach, Günther 1986]

Lykke Aresin/Erwin Günther (Hrsg.): Sexualmedizin. Ein Leitfaden für Medizinstudenten. Berlin/DDR 1988 (3., überarbeitete Auflage) [=Aresin 1988]

Kurt Bach: Sexualerziehung in der sozialistischen Oberschule. Berlin 1973 [=Bach 1973]

Kurt Bach: Homosexualität – Gesellschaft – Sexualerziehung. – In: Biologie in der Schule. Berlin 34/1985. S. 486-492 [=Bach 1985]

Kurt Bach, Erwin Günther: Psychosoziale Aspekte der Homosexualität. Gemeinschaftstagung der Sektion Ehe und Familie der Gesellschaft für Sozialhygiene der DDR und der Sektion Andrologie der Gesellschaft für Dermatologie der DDR 1986. Jena 1989 [=Bach, Günter 1989]

Andrea Bettels, Anne Ebert, Jasmin Sartorius, Ute Köhler: Widerstand als Lebensform – zur politischen Identität von Lesben in der DDR. Ein Interviewprojekt mit 4 qualitativen Leitfadeninterviews (Mag.). Berlin/Humboldt Universität 2003 [=Bettels 2003]

Gunna Bohne: Situationen lesbischer Frauen ab 30 Jahren in Gesellschaft und Lesbenbewegung Ostdeutschlands. In: Geschichte und Perspektiven von Lesben und Schwulen in den neuen Bundesländern. Dokumente lesbischschwuler Emanzipation des Referats für gleichgeschlechtliche Lebensweisen Nr. 4, 1991. S. 19-21 [=Bohne 1991]

Beatrix Bouvier: Die DDR - ein Sozialstaat? Sozialpolitik in der Ära Honecker. Veröffentlichungen des Instituts für Sozialgeschichte. Bonn 2002 [=Bouvier 2002]

Armin Boyens: Geteilter Friede – Anmerkung zur Friedensbewegung in den 80er Jahren. In: Timmermann 1996, S. 421-36 [=Boyens 1996]

Roland Brauckmann: Weitgehende Anpassung. In: Timmermann 1996, S. 387-96 [=Brauckmann 1996]

Olaf Brühl: Fünf Begegnungen mit „Homosexuellen BürgerInnen“. Ein Nachtrag. In: Soukup 1990, S. 131 [=Brühl 1990]

Olaf Brühl: Sozialistisch und schwul. Eine subjektive Chronologie. In: Setz 2006, S. 89-152 [=Brühl 2006]

Ditte Clemens: Schweigen über Lilo: die Geschichte der Liselotte Herrmann. Ravensburg 1993 (2 Bde.). [=Clemens 1993]

Lisa diCaprio: Bordergarde. In: Outweek (New York), 25.7.1990, S. 44-46. [=diCaprio 1990]

Irene Dölling: Marxismus und Frauenfrage in der DDR. In: Informationen des Wissenschaftlichen Rates „Frauenforschung in der DDR“ 1/90, S. 30-44 [=Dölling 1990]

Renate Ellmenreich: Frauen und Staatssicherheit. Frauenbild im Ministerium für Staatssicherheit der DDR – mein Einblick. In: Weibblick. Informationsblatt von Frauen für Frauen. Heft 16/94. S. 14-16 [=Ellmenreich 1994]

Insa Eschebach, Sigrid Jacobeit, Susanne Lanwerd (Hrsg.): Die Sprache des Gedenkens. Zur Geschichte der Gedenkstätte Ravensbrück 1945-1995. Berlin 1999 [=Eschebach1999]

Myra Marx Ferree: The Time of Chaos was the best. Feminist Mobilization and Demobilization in East Germany. In: Gender and Society 8, Nr.4 1994, S. 597-623 [=Ferree 1994]

Franz und Margarete Fleck: Organische und funktionale Sexualerkrankungen. 2., überarbeite Auflage Berlin 1974 [=Fleck 1974]

Ute Gerhard: Die ostdeutsche Frauenbewegung. In: Ingrid Miethe, Silke Roth: Europas Töchter. Traditionen, Erwartungen und Strategien von Frauenbewegungen in Europa. Opladen 2003, S. 81-100 [=Gerhard 2003]

Robert F. Goeckl: Die evangelische Kirche und die DDR. Leipzig 1995. [=Goeckl 1995]

Günter Grau (Hrsg.): Und diese Liebe auch. Theologische und Sexualwissenschaftliche Einsichten zur Homosexualität. Berlin (DDR) 1989 [=Grau 1989]

Günter Grau: Lesben und Schwule – was nun? Frühjahr 1989 bis Frühjahr 1990. Chronik – Dokumente – Analysen – Interviews. Berlin 1990 [=Grau 1990]

Günther Grau: Lesben- und Schwulenpolitik in Dokumenten. In: Grau 1990, S. 211-232 [=Grau 1990a]

Günter Grau: Erpressbar und tendenziell konspirativ. Die „Bearbeitung" von Lesben und Schwulen durch das MfS. In: Weibblick, Heft 16/1994, S. 21-25 [=Grau 1994]

Detlef Grumbach: Dritte Tagung Psychosoziale Aspekte der Homosexualität in Jena. In: Deutschland-Archiv 23, 1990, S. 449-451 [=Grumbach 1990a]

Detlef Grumbach: Kirche und Homosexualität (Rezension). In: Deutschland-Archiv 23, 1990, S. 464-465 [=Grumbach 1990b]

Detlef Grumbach: Die Linke und das Laster. Arbeiterbewegung und Homosexualität zwischen 1870 und 1933. In: Ders. (Hrsg.): Die Linke und das Laster. Schwule Emanzipation und linke Vorurteile. Hamburg 1995, S. 17-37 [=Grumbach 1995]

Erwin Günther und M. Vogel. Zu einigen Ergebnissen unserer Coming-out-Studie. In: Psychosoziale Aspekte der Homosexualität. II. Workshop der Sektion Andrologie der Gesellschaft für Dermatologie der DDR und der Sektion Ehe und Familie der Gesellschaft für Sozialhygiene der DDR am 23. April 1988. Jena 1989 [=Günther/Vogel 1989]

Kerstin Gutsche: Ich ahnungsloser Engel. Lesbenprotokolle. Berlin 1991 [=Gutsche 1991]

Anne Hampele: „Arbeite mit, plane mit, regiere mit" – Zur politischen Partizipation von Frauen in der DDR. In: Gisela Helwig und Hildegard Maria Nickel (Hrsg.): Frauen in Deutschland 1945-1992. Bundeszentrale für politische Bildung: Studien zu Geschichte und Politik 318. Bonn 1993, S. 281-320 [=Hampele 1993]

Anne Hampele: Der Unabhängige Frauenverband. In: Helmut Müller- Enbergs e.a.: Von der Illegalität ins Parlament. Werdegang und Konzept der neuen Bürgerbewegungen. Berlin 1991, S. 221-282 [=Hampele 1991]

Anne Hampele Ulrich: Der Unabhängige Frauenverband. Ein frauenpolitisches Experiment im deutschen Vereinigungsprozess (Diss.). Berlin 1996 [=Hampele 1996]

Grete Hansen: Lesbisk i DDR. En beskrivelse af den sociale og politiske situation med udgangspunkt i en analyse af to lesbiskes oplevelser og overvejelser med hovedvægt på perioden ca. 1980-1989. Unveröffentlichte Seminararbeit, Odense Universitet 1991 [=Hansen 1991]

Matthias Hartmann: Als abartig verdammt – zur Ordination berufen. Zur Diskussion über Homosexualität in DDR-Kirchen. In: Kirche im Sozialismus 3/85, S. 111-116 [=Hartmann 1985]

Gerda Haufe und K. Bruckmeier (Hrsg.): Die Bürgerbewegungen in der DDR und in den ostdeutschen Ländern. Opladen 1993 [=Haufe/Bruckmeier 1993]

Michael Heß: Spuren zu Denkmälern. Eine Magdeburger LSVD-Tagung zur Bilanz des Lebens von Lesben und Schwulen in der DDR. In: Gigi. Zeitschrift für sexuelle Emanzipation. November/Dezember 2005, S.6f. [=Heß 2005]

Susanne Hetzer, Leopold Grün: Frauenpolitik, Frauenbewegung und Frauenforschung in der DDR – Eine Suche nach der DDR-spezifischen Ursachen des gespannten Verhältnisses von Feministinnen und feministischer Forschung in Ost und West der heutigen BRD. Unveröffentlichte Seminararbeit Humboldt-Universität zu Berlin 1998 [=Hetzer/Grün 1998]

Karin Hildebrandt: Historischer Exkurs zur Frauenpolitik der SED. In: Birgit Bütow und Heidi Stecker (Hrsg.): EigenArtige Ostfrauen. Frauenemanzipation in der DDR und in den neuen Bundesländern. Bielefeld 1994, S. 12-31 [=Hildebrandt 1994]

Homosexuelle Initiative Wien (HOSI) – Auslandsgruppe (Hrsg.): Rosa Liebe unterm Roten Stern. Zur Lage der Lesben und Schwulen in Osteuropa. Wien 1984 [=HOSI 1984]

Jürgen Israel [Hrsg.]: Zur Freiheit berufen. Die Kirche in der DDR als Schutzraum der Opposition 1981-89. Berlin 1991 [=Israel 1991]

Konrad H. Jarausch: Realer Sozialismus als Fürsorgediktatur. Zur begrifflichen Einordnung der DDR. In: Aus Politik und Zeitgeschichte. Beilage zur Wochenzeitschrift „Das Parlament" 20/1998, S. 33-46 [=Jarausch 1998]

Jens Jørgen Jensen, Andreas Jørgensen, Jens Quortrup (Udg.): DDR – det andet Tyskland. Esbjerg 1977 [=Jensen 1977]

Cordula Kahlau (Hrsg.): Aufbruch! Frauenbewegung in der DDR. Dokumentation. München 1990 [=Kahlau 1990]

Christina Karstädt: Lesben in Ost- und Westberlin. In: Weibblick. Informationsblatt von Frauen für Frauen 5/92, S. 9-10 [=Karstädt 1996]

Christina Karstädt und Anette von Zitzewitz: ...viel zu viel verschwiegen. Eine historische Dokumentation von Lebensgeschichten lesbischer Frauen in der Deutschen Demokratischen Republik. Berlin 1996 [=Karstädt/Zitzewitz 1996]

Samira Kenawi: Frauengruppen in der DDR der 80er Jahre. Eine Dokumentation. Berlin 1994 [=Kenawi 1994]

Jochen Kleres: Gleiche Rechte im Sozialismus. Die Schwulen- und Lesben-Bewegung der DDR. In: Forschungsjournal NSB, Jg. 13, Heft 4, 2000. S. 52-63 [=Kleres 2000]

Ilse Kokula: Wir leiden nicht mehr, sondern sind gelitten! Lesbisch leben in Deutschland. Köln 1987 [=Kokula 1987]

Ilse Kokula: Lesbische Subkultur in der Hauptstadt. In: Frauenstadtbuch Berlin. Berlin 1989 [=Kokula 1988]

Ilse Kokula: The situation und organization of lesbian women in the GDR. In: Second ILGA Pink Book: a global view of lesbian and gay liberation and oppression. Utrecht 1988. [=Kokula 1988a]

Ilse Kokula: Schreiben des Senators für Jugend und Familie Berlin an Lesben- und Schwulengruppen in den städtischen Kulturzentren, Jugendclubs und Volksbildungseinrichtungen, beim Verband der Freidenker sowie bei den Evangelischen Kirchengemeinden, Studentengemeinschaften und kirchlichen Einrichtungen in der DDR vom 12. März 1990. 4 Seiten [=Kokula 1990]

Ilse Kokula: Lesbische Subkultur in der Hauptstadt. In: Grau 1990, S. 74-78 [=Kokula 1990a]

Ilse Kokula: Tagungsbericht. In: Geschichte und Perspektiven von Lesben und Schwulen in den neuen Bundesländern. Dokumente lesbisch-schwuler Emanzipation des Referats für gleichgeschlechtliche Lebensweisen Nr. 4, Berlin 1991, S. 37-39 [=Kokula 1991]

Marinka Körzendörfer: Zur Geschichte des Berliner Lesbenkreises: eine Chronik der Gruppe vom November 1988. In: RHG/GZ A1/1470 S. I-VII. [=Körzendörfer 1988]

Marinka Körzendörfer. Lesben in der Kirche. In: Grau 1990, S. 85-88 [=Körzendörfer 1990]

Marinka Körzendörfer: Fast 10 Jahre Lesbenbewegung in der DDR und ihr Übergang in die bundesdeutsche Wirklichkeit. In: Weibblick 14/93, S. 6-11 [=Körzendörfer 1993]

Marinka Körzendörfer: Frauen und Staatssicherheit. Mehr Schein als Sein. In: Weibblick 16/94, S. 26-28 [=Körzendörfer 1994]

Marinka Körzendörfer: Wir haben uns nicht in den Nischen eingerichtet. Fast 10 Jahre Lesbenbewegung in der DDR. In: Bernd Gehrke, Wolfgang Rüddenklau (Hrsg.): ... das war doch nicht unsere Alternative. DDR-Oppositionelle zehn Jahre nach der Wende. Münster 1999, S. 168-175 [=Körzendörfer 1999]

Gudrun von Kowalski: Homosexualität in der DDR. Ein historischer Abriss. Marburg 1987 [=Kowalski 1987]

Ina Kuckuc: Der Kampf gegen Unterdrückung. Materialien aus der deutschen Lesbierinnenbewegung (1975). In: Andrea Bührmann, Angelika Diezinger, Sigrid Metz-Göckel: Arbeit, Sozialisation, Sexualität: Zentrale Felder der Frauen- und Geschlechterforschung. Opladen 2000, S. 235-241 [=Kuckuc 2000]

Herta Kuhrig: In der DDR ist die Frauenfrage im klassischen Sinne gelöst. In: Informationen des Wissenschaftlichen Beirats „Die Frau in der sozialistischen Gesellschaft“ 2/1976, S. 34-46 [=Kuhrig 1976]

Herta Kuhrig und Wulfram Speigner (Hrsg.): Wie emanzipiert sind die Frauen in der DDR? Beruf – Bildung - Familie. Leipzig 1979 [=Kuhrig/Speigner 1979]

Herta Kuhrig: Frau und Gesellschaft. In: Informationen des Wissenschaftlichen Rates „Die Frau in der sozialistischen Gesellschaft“ 5/1989, S. 3-21 [=Kuhrig 1989]

Herta Kuhrig: „Mit den Frauen“ – „Für die Frauen“: Frauenpolitik und Frauenbewegung in der DDR. In: Florence Hervé: Geschichte der deutschen Frauenbewegung. 6. verbesserte und aktualisierte Auflage Köln 1998, S. 209-248 [=Kuhrig 1998]

Franz Loeser: Die unglaubwürdige Gesellschaft: quo vadis, DDR? Köln 1984 [=Loeser 1984]

Annette Maennel: Brötchen und Plastikblume. In der DDR waren die Staatsmänner am 8. März stolz auf ihre Frauen. In: Freitag, 3.3.1995 [=Maennel 1995]

Charlotte von Mahlsdorf: Ich bin meine eigene Frau. Ein Leben. Berlin 1992 [=Charlotte von Mahlsdorf 1992]

Charlotte von Mahlsdorf: Grußadresse. In: Jahresblätter des Sonntags-Club e.V. Zum 22. Jubiläum des HIB-Paradoxon. 1. Ausgabe, Dezember 1994, S. 2. [=Charlotte von Mahlsdorf 1994]

Lorna Martens: Feminist Writing in the German Democratic Republic. New York 2001 [=Martens 2001]

Ina Merkel: Leitbilder und Lebensweisen von Frauen in der DDR. In: Hartmut Kaelble, Jürgen Kocka, Hartmut Zwahr (Hrsg.): Sozialgeschichte der DDR. Stuttgart 1994, S.359-382 [=Merkel 1994]

Ingrid Miethe: Frauen in der DDR-Opposition. Lebens- und kollektivgeschichtliche Verläufe in einer Frauenfriedensgruppe. Forschung Politikwissenschaft 36, Opladen 1999 [=Miethe 1999]

Ingrid Miethe: Frauenbewegung in Ostdeutschland – Angekommen in gesamtdeutschen Verhältnissen? In: beiträge aus feministischer theorie und praxis. Trend-Trennt-Wende? Eine Ost-West- Annäherung. Köln 2002, S. 9-22 [= Miethe 2002]

Elke Mocker, Beate Rüther, Birgit Sauer: Frauen- und Familienpolitik: Wie frauenfreundlich war die DDR? In: Deutschland Archiv 23, Köln 1990, S. 1700-1705 [=Mocker 1990]

Sue Morgan (Ed.): The Feminist History Reader. London und New York 2006. [=Morgan 2006]

Silke Müller: Anders sein? Mit uns sein! In: Grau 1990, S. 49-53 [=Müller 1990]

Dietrich Mühlberg: Sexualität und ostdeutscher Alltag. In: Differente Sexualitäten, Mitteilungen aus der kulturwissenschaftlichen Forschung Jahrgang 18, Heft 36. August 1995, S.8-39 [=Mühlberg 1995]

Herfried Münkler: Antifaschismus als Gründungsmythos der DDR. Abgrenzungsinstrument nach Westen und Herrschaftsmittel nach innen In: Manfred Agethen/Eckhard Jesse/Ehrhart Neubert (Hrsg.): Der missbrauchte Antifaschismus. DDR-Staatsdoktrin und Lebenslüge der deutschen Linken, Freiburg 2002, S. 79-99 [=Münkler 2002]

Herta Nagl-Docekal: Für eine geschlechtergeschichtliche Perspektivierung der Historiographiegeschichte. In: Wolfgang Küttler, Jörn Rüsen, Ernst Schulin: Geschichtsdiskurs in vier Bänden. Band 1: Grundlagen und Methoden der Historiographiegeschichte. Frankfurt am Main 1993, S. 233-256 (=Nagl-Docekal 1993)

Edgar Nastola: Individuelle Freiheit und staatliche Reglementierungen. Schwule und Lesben in der DDR. Reihe Politikwissenschaften 6, Marburg 1999 [=Nastola 1999]

Erhard Neubert: Religion in der DDR-Gesellschaft. Nicht-religiöse Gruppen in der Kirche – ein Ausdruck für Säkularisierung? In: Kirche im Sozialismus 1/85, S. 99-103 [=Neubert 1985]

Hildegard Maria Nickel: Feministische Gesellschaftskritik oder selbstreferentielle Debatte? Ein (ostdeutscher) Zwischenruf zur Frauen- und Geschlechterforschung. In: Berliner Journal für Soziologie 3/96, S. 325-338 [=Nickel 1996]

Lising Pagenstecher: Zur Geschichte der Lesbenbewegungen in den beiden deutschen Staaten BRD und DDR. In: Unsere kleine Zeitung 10/94, S. 101-110 [=Pagenstecher 1994]

Rüdiger Pieper: Homosexuelle in der DDR. In: Deutschland-Archiv 9/1987, S. 956-964 [=Pieper 1987]

Detlef Pollack (Hrsg.): Die Legitimität der Freiheit. Politisch alternative Gruppen in der DDR unter dem Dach der Kirche. Forschungen zur praktischen Theologie 8. Frankfurt/Main 1990. [=Pollack 1990]

Peter Rausch: Die vergessene Lesben- und Schwulengeschichte in Berlin-Ost (70er Jahre). In: Geschichte und Perspektiven von Lesben und Schwulen in den neuen Bundesländern. Dokumente lesbisch-schwuler Emanzipation des Referats für gleichgeschlechtliche Lebensweisen Nr. 4. Berlin 1991, S. 21-26 [=Rausch 1991]

Detlef Pollack: Einleitung. In: Ders. (Hrsg.): Die Legitimität der Freiheit. Politisch alternative Gruppen in der DDR unter dem Dach der Kirche. Forschungen zur praktischen Theologie 8. Frankfurt/Main 1990, S. 9-16 [=Pollack 1990a]

Peter Rausch: Die vergessene Lesben- und Schwulengeschichte in Berlin-Ost (70er Jahre). In: Geschichte und Perspektiven von Lesben und Schwulen in den neuen Bundesländern. Dokumente lesbisch-schwuler Emanzipation des Referats für gleichgeschlechtliche Lebensweisen Nr. 4. Berlin 1991, S. 21-26 [=Rausch 1991]

Peter Rausch: Die vergessene Lesben- und Schwulengeschichte in Berlin-Ost. In: Jahresblätter des Sonntags-Club e.V. Zum 22. Jubiläum des HIB-Paradoxon. 1. Ausgabe, Dezember 1994, S. 13 [=Rausch 1994]

Peter Rausch: Seinerzeit, in den 70ern. In: Wolfram Setz (Hrsg.): Homosexualität in der DDR. Materialien und Meinungen. Hamburg 2006, S. 153-149 [=Rausch 2006]

Katrin Rohnstock (Hrsg.): Frauen in die Offensive. Texte und Arbeitspapiere der Gruppe „Lila Offensive". Berlin 1990 [=Rohnstock 1990]

Reinhild Rubin: Ein starker Friedenswillen forderte das SED-System immer wieder heraus. In: Das Parlament 46/1997, S. 17 [=Rubin 1997]

Christina Schenk: Vom coming out zweier Lesben. In: Lykke Aresin, Kurt Bach, Erwin Günther: Psychosoziale Aspekte der Homosexualität. Jena 1986, S. 103-116 [=Schenk 1986]

Christina Schenk/Marinka Körzendörfer. Zu einigen Problemen lesbischer Frauen in der DDR – Ursachen und Konsequenzen. In Grau 1990, S. 78-84 [=Schenk/Körzendörfer 1990]

Christina Schenk: Wir im Rundfunk. „Mensch Du – Ich bin lesbisch. In: Grau 90, S. 88-91 [=Schenk 1990a]

Christina Schenk: Bedingungen und Perspektiven lesbischer Existenz in der DDR. In: Senatsverwaltung für Jugend und Familie (Hrsg.): Geschichte und Perspektiven von Lesben und Schwulen in den neuen Bundesländern. Dokumente lesbisch-schwuler Emanzipation des Referats für gleichgeschlechtliche Lebensweise. Berlin 1991. S. 11-28 [=Schenk 1991]

Christina Schenk: Die Wahrheit. Nummer Zwei. Eine Replik auf die „Geschichte der Lesbenbewegung" von Uschi Sillge (Ypsilon Nr. 4). In: Ypsilon. Zeitschrift aus Frauensicht 6/91, S. 29 [=Schenk 1991a]

Christa Schikorra: Kontinuitäten der Ausgrenzung. „Asoziale" Häftlinge im Frauen-Konzentrationslager Ravensbrück. Berlin 2001 [=Schikorra 2001]

Marie Schlingmann, Songül Bitis, Colin Müller, Samira Mahmud: Warum wir so gefährlich waren – Geschichten eines inoffiziellen Gedenkens. „Lesben in der Kirche" in Ravensbrück 1984-1986. Film im Rahmen eines kulturwissenschaftlichen Seminars, Humboldt-Universität zu Berlin 2005 [=Schlingmann 2005]

Josef Schmid: Die politische Rolle der Evangelischen Kirchen in der DDR in den achtziger Jahren. Gratwanderung zwischen Opposition und Anpassung. In: Helmut Müller-Enbergs e.a.: Von der Illegalität ins Parlament. Werdegang und Konzept der neuen Bürgerbewegungen. Berlin 1991, S.342-365 [=Schmid 1991]

Siegfried Schnabl: Plädoyer für eine Minderheit. In: Das Magazin 12/1973, S. 28-30 [=Schnabl 1973]

Siegfried Schnabl: Die Homosexualität der Frau. In: Peter Gustav Hesse, Günter Tembrock: Sexuologie. Leipzig 1974 S. 465-467 [=Schnabl 1974]

Siegfried Schnabl: Ganz unter uns gesagt. Ist gleichgeschlechtliche Liebe ein Makel? In: Für Dich, Berlin/DDR 1981, Nr. 34, S. 46 [=Schnabl 1981]

Siegfried Schnabl: Die Homosexualität des Mannes und der Frau. In: Ders.: Mann und Frau intim. Fragen des gesunden und des gestörten Geschlechtslebens. 14., veränderte Auflage, Berlin 1982, S. 255-264 [=Schnabl 1982]

Siegfried Schnabl: Intimverhalten. Sexualstörungen. Persönlichkeit. 6. Aufl. 1983 [=Schnabl 1983]

Siegfried Schnabl und Kurt Starke. Homosexualität. In: K. Starke und W. Friedrich (Hrsg.): Liebe und Sexualität bis 30. Verlag der Wissenschaften, Berlin 1984 [=Schnabl 1984]

Siegfried Scholze: Der Internationale Frauentag einst und heute. Geschichtlicher Abriß und weltweite Tradition vom Entstehen bis zur Gegenwart. Berlin 2001 [=Scholze 2001]

Claudia Schoppmann: Nationalsozialistische Sexualpolitik und weibliche Homosexualität. 2., überarbeitete Auflage Pfaffenweiler 1997 [=Schoppmann 1997]

Susanne Schötz: Historische Frauenforschung in Ostdeutschland. In: Konrad H. Jarausch, Matthias Middell (Hrsg.): Nach dem Erdbeben. (Re-) Konstruktion ostdeutscher Geschichte und Geschichtswissenschaft. Leipzig 1994, S. 177-194 [=Schötz 1994]

Klaus Schroeder (unter Mitarbeit von Steffen Alisch): Der SED-Staat. Partei, Staat und Gesellschaft 1949-1990. München 1998 (Bayerische Landeszentrale für politische Bildungsarbeit). [=Schroeder 1998]

Ursula Schröter und Renate Ullrich: Patriarchat im Sozialismus? Berlin 2004 [=Schröter 2004]

Alice Schwarzer: Irmtraud Morgner – Jetzt oder nie! Die Frauen sind die Hälfte des Volkes! Interview vom 28.11.1989. In: Emma 2/1990, auf: www.emma.de/irmtraud_morgner_jetzt_oder_nie_2_90.html [=Schwarzer 1990]

Jürgen Seidel: Gottes geliebte Ostzone. In: Kontexte. Neue Beiträge zur Historischen und systematischen Theologie 34: Horst Dähn, Joachim Heise (Hrsg.): Staat und Kirchen in der DDR. Frankfurt/ Main 2003 [=Seidel 2003]

Senatsverwaltung für Jugend und Familie (Hrsg.): Geschichte und Perspektiven von Lesben und Schwulen in den neuen Bundesländern. Dokumente lesbisch-schwuler Emanzipation des Referats für gleichgeschlechtliche Lebensweise. Berlin/West 1991 [=Senat 1991]

Wolfram Setz (Hrsg.): Homosexualität in der DDR. Materialien und Meinungen. Hamburg 2006 [=Setz 2006]

Ursula Sillge: Der Sonntags-Club in Berlin. In: Lambda Nachrichten (Wien) 3/1988 (12.7.), S. 39 f. [=Sillge 1988]

Ursula Sillge: Zur psychosozialen Situation der Lesben in der DDR. In: Günter Amendt (Hrsg.): Natürlich anders. Zur Homosexualitätsdiskussion in der DDR. Köln 1989 [=Sillge 1989a]

Ursula Sillge: Zu Jürgen Lemke: Ganz normal anders, Temperamente 4/88. Reihe Meinungen. In: Temperamente 5/89, S. 147f. [=Sillge 1989b]

Ursula Sillge: Ich bin homosexuell – was nun? Der Berliner Sonntags-Club – eine gute Adresse zum Selbstverständnis von Lesben und Schwulen. In: Neue Zeit, Berlin/DDR 2.1.1990, S. 3 [=Sillge 1990a]

Ursula Sillge, Erika Berthold, Marianne Wintgen: Meine Mutter ist ´ne Lesbe! Homosexuelle Eltern. (Reihe Familienporträt). In: Elternhaus und Schule 8/1990, S. 18-21 [=Sillge 1990b]

Ursula Sillge: Un-Sichtbare Frauen. Lesben und ihre Emanzipation in der DDR. Berlin 1991 [=Sillge 1991]

Eduard Stapel: „Der Schwulenverband in Deutschland" seine Aufgaben und Perspektiven. In: Geschichte und Perspektiven von Lesben und Schwulen in den neuen Bundesländern. Dokumente lesbisch-schwuler Emanzipation des Referats für gleichgeschlechtliche Lebensweisen. Berlin/West 1991; S. 30-36 [=Stapel 1991]

Eduard Stapel: Warme Brüder gegen kalte Krieger. Schwulenbewegung in der DDR in der DDR im Visier der Staatssicherheit. In: Die Landesbeauftragte für die Unterlagen des Staatssicherheitsdienstes der ehemaligen DDR Sachsen-Anhalt (Betroffene erinnern sich [10]). Magdeburg 1999 [=Stapel 1999]

Jürgen Stark: Wie die HIB meine Familie wurde. In: Jahresblätter des Sonntags-Club e.V. Zum 22. Jubiläum des HIB-Paradoxon. 1.Ausgabe, Dezember 1994, S. 4f. [=Stark 1994]

Kurt Starke: Schwuler Osten. Berlin 1994 [=Starke 1994]

Eike Stedefeldt: Liberalisierung und Zersetzung. Das MfS und die Homosexuellenpolitik der DDR. In: Gigi. Zeitschrift für sexuelle Emanzipation. November/Dezember 2005, S. 8-13 [=Stedefeldt 2005]

Eike Stedefeldt: Zur weiteren Veranlassung. Interview mit dem MfS-Offizier Wolfgang Schmidt. In: Setz 2006, S. 18-20 [=Stedefeldt 2006]

Ursula Strzodka: Zum Frauenbild – Anspruch und eigene Erfahrungen. (Vortrag, gehalten auf der 6. Jahrestagung der Regionalgesellschaft für Ärztliche Psychotherapie am 8.6.1989 in Cottbus). In: Informationen des wissenschaftlichen Rates „Die Frau in der sozialistischen Gesellschaft“ 5/1989, S. 56-63 [=Strzodka 1989]

Hans Georg Stümke: Homosexuelle in Deutschland. Eine politische Geschichte. München 1989 [=Stümke 1989]

Harald Stumpe, Der Arzt als Sexualerzieher. In: Joachim Hohmann: Sexuologie in der DDR. Berlin 1991, S. 262-280 [=Stumpe 1991]

Bert Thinius: Erfahrungen schwuler Männer in der DDR und Deutschland Ost. In: Wolfram Setz (Hrsg.): Homosexualität in der DDR. Materialien und Meinungen. Hamburg 2006, S. 9-88 [=Thinius 2006]

Wolfgang Thumser: „Kirche im Sozialismus“ als Kirche in einer „mündigen Welt“? In: Timmermann 1996, S. 397-409 [=Thumser 1996]

Heiner Timmermann (Hrsg.): Diktaturen in Europa im 20. Jahrhundert – der Fall DDR. Berlin 1996 [=Timmermann 1996]

Birgit Waberski: Die großen Veränderungen beginnen leise. Lesbenliteratur in der DDR und in den neuen Bundesländern. Dortmund 1997 [=Waberski 1997]

Francesca Weil: Frauen unter diktatorischer Herrschaft. Erste Untersuchungs-Ergebnisse zum weiblichen Anteil am politischen Widerstand und seiner Verfolgung in der sowjetischen Besatzungszone (SBZ)/DDR von 1945 bis 1989. In: Birgit Bütow und Heidi Stecker (Hrsg.): EigenArtige Ostfrauen. Frauenemanzipation in der DDR und in den neuen Bundesländern. Bielefeld 1994, S. 50-61 [=Weil 1994]

Reiner Werner: Homosexualität. Eine Herausforderung an Wissen und Toleranz. Berlin/DDR 1987 [=Werner 1987]1

Gunnar Winkler (Hrsg.) : Frauenreport ´90. Berlin 1990 [=Winkler 1990]

Allgemeine Quellen

Karin Dauenheimer: Das Schweigen durchbrechen. Auszug aus dem Tonbandprotokoll der Akademietagung vom 26.9.1987 in Magdeburg. Dresden 1987, RHG/GZ/A1/2862, Blatt 6-10 [=Dauenheimer 1987]

Karin Dauenheimer: Das Schweigen durchbrechen. Zur Situation von Lesben in Kirche und Homosexuellen-Bewegung. In: Evangelische Akademie Sachsen Anhalt / Männerarbeit in der Kirchenprovinz Sachsen/Evangelische Stadtmission Magdeburg – Homosexuellenarbeit (Hrsg.): Integration! Aber wie? Homosexuelle 1987 – Fortgesetzte Versuche zur Verständigung. Tagung am 26.September 1987. Magdeburg 1988 [=Dauenheimer 1988]

Karin Dauenheimer: Zur Lebenssituation lesbischer Frauen in der DDR. Eine Analyse aufgrund qualitativer Interviews. Aus dem Tagungsreader der ersten feministischen Konferenz Sachsen vom 6.-8.12.1991. Dresden 1991 [=Dauenheimer 1991]

Karin Dauenheimer: Brief an Dr. Schnabl, 2 Seiten, ohne Datum. RHG/GZ/A1/2756 [=Dauenheimer o.D.]

Dokumente der Sozialistischen Einheitspartei Deutschlands, Band XIV, Berlin 1977, S. 52, In: Kirchner 1980, S. 74 [=Dokumente der SED 1977]

Evangelische Kirche der Kirchenprovinz Sachsen, Ad-hoc-Arbeitsgruppe der Kirchenleitung „Homosexuelle als Mitarbeiter im Verkündigungsdienst der Kirche". Abschlußbericht vom 28./29. September 1984 [=Kirchenleitung Sachsen 1984]

Forschungsgemeinschaft Geschichte des Kampfes der deutschen Arbeiterklasse um die Befreiung der Frau an der Pädagogischen Hochschule „Clara Zetkin" (Hrsg.): Dokumente der revolutionären deutschen Arbeiterbewegung zur Frauenfrage 1848-1974. Leipzig 1975, Dokument 118, S. 286/287 [=Forschungsgemeinschaft 1975]

Ruth Götze (Red.): Frauen im Kampf für den Frieden. Zum 75. Internationalen Frauentag. VIII. Clara-Zetkin-Colloquium der Forschungsgemeinschaft „Geschichte des Kampfes der Arbeiterklasse um die Befreiung der Frau". Leipzig 1985 [=Götze 1985]

Günter Grau und Erwin Günther: Die andere Liebe. Auskünfte über Homosexualität für Eltern und Erzieher. Herausgegeben vom Deutschen Hygiene-Museum der DDR. Dresden 1988 [=Grau/Günther 1988]

K. Höck: Aufgaben und Zielstellung der Selbsterfahrungsgruppe lesbisch orientierter Frauen. Abeilung für Psychotherapie und Neurosenforschung, Haus der Gesundheit. Berlin 1979. In: Sillge 1991, S. 121-124. [=Höck 1979]

Erich Honecker: Bericht des Zentralkomitees an den VIII. Parteitag der SED. In: Protokoll des VIII. Parteitages der SED. 2. Bde. B 1971, Bd 1. Berlin 1971, S. 61-63 [=Honecker 1971]

Erich Honecker: Die Aufgaben der Parteiorganisationen bei der weiteren Verwirklichung der Beschlüsse des XI. Parteitages der SED. Auszüge aus dem Referat am 6.2. 1987. Zur Frauenpolitik, S. 3-5 [=Honecker 1987]

Humboldt-Universität Berlin, Prorektorat für Gesellschaftswissenschaften: Zur Situation homophiler Bürger in der DDR (Analyse des Phänomens und Lösungsvorschläge). Berlin 1985 (unveröffentlicht) [=Analyse 1985] SAPMO/Barch DY/30/IV2/2.039

Jürgen Kirchner, Fritz Staude, Hans-Jürgen Arendt, Ernst Schotte, Joachim Müller: 70 Jahre Internationaler Frauentag. Herausgegeben von der Forschungsgemeinschaft „Geschichte des Kampfes der Arbeiterklasse um die Befreiung der Frau“ an der Pädagogischen Hochschule „Clara Zetkin“ Leipzig. Verlag für die Frau, Leipzig 1980 [=Kirchner 1980]

Lising Pagenstecher: Zur Geschichte der Lesbenbewegungen in den beiden deutschen Staaten BRD und DDR. In: Unsere kleine Zeitung 10/94, S. 101-110 [=Pagenstecher 1994]

Manfred Punge: Homosexuelle in der Kirche? Noch einmal: man sollte darüber sprechen. In: Die Kirche. Berlin/DDR 6.3.1983 [=Punge 1983]

Manfred Punge: Homosexuelle in der Kirche? Erarbeitet von der Theologischen Studienabteilung beim Bund der Evangelischen Kirchen der DDR im Auftrag des BEK. Hrsg.: Aktion Sühnezeichen, Friedensdienste. Berlin/West 1985. [=Punge 1984]

Christoph Richter: Hilfe in Sicht? Alternativ-Beitrag zum Papier der Theologischen Studienabteilung beim Bund der Evangelischen Kirchen in der DDR „Homosexuelle in der Kirche?“ Albernau. Oktober 1984 [=Alternativstudie 1984]

Ottfried Schneider: Schlusswort zur konstituierenden Sitzung des Wissenschaftlichen Rates „Die Frau in der sozialistischen Gesellschaft“. In: Informationen des Wissenschaftlichen Rates „Die Frau in der sozialistischen Gesellschaft“ 5/1981, S.59-61 [=Schneider 1981]

Streitlexikon DT 64. Mensch, Du! Heft 3. Berlin 1989 [=Streitlexikon 1989]

Walter Ulbricht: Wir haben bewiesen: Der Sozialismus befreit die Frau. In: Neues Deutschland, 8.3.1969, o.S. [=ND 8.3.69]

Gesetzesblätter

Familiengesetzbuch der DDR vom 20.12.1965. Gbl. I 1966, Nr. 1 [=Familiengesetzbuch DDR 1965]

Familiengesetzbuch sowie angrenzende Gesetze und Bestimmungen. Textausgabe. Berlin/DDR 1989 [=Familiengesetzbuch DDR 1989] Gesetzblatt der DDR Teil I Nr. 3 vom 31.1.1989. [=Gesetzblatt DDR 1989]

Dietrich Müller-Römer: Die neue Verfassung der DDR. Köln 1974 [=Verfassung DDR 1974]

Strafrecht der Deutschen Demokratischen Republik. Lehrkommentar zum Strafgesetzbuch. Bd.2. Berlin/DDR 1969 [=Strafrecht DDR 1969]

Die Verfassung der Deutschen Demokratischen Republik. Herausgeben vom Amt für Information der Regierung der Deutschen Demokratischen Republik. Berlin 1949 [=Verfassung DDR 1949]

Verfassung der Deutschen Demokratischen Republik vom 6. April 1968 in der Fassung des Gesetzes zur Ergänzung und Änderung der Verfassung der Deutschen Demokratischen Republik vom 7. Oktober 1974. Berlin/DDR 1989 [=Verfassung DDR 1968]

Quellen zu den Arbeitskreisen und Gruppen

Programm Arbeitsgemeinschaft RosaLinde Leipzig, April-Dezember 1989. In: RHG/GZ/EST 08 - Leipzig Rosa Linde [Programm RosaLinde 04-12 1989]
frauAnders. Jena 1989, Nr. 1-6 [=frauAnders]

Sonntags-Club

Brief des Sonntags-Clubs an die Redaktion „Deine Gesundheit" vom 1.5.1987. In: Robert Havemann-Gesellschaft/Archiv Grauzone, unerschlossener Bestand. [=SW S-C Deine Gesundheit 1987]

Information über ein Gespräch im Bundesvorstand des DFD mit Frau Ursula Sillge und Frau I. S. als Vertreterinnen lesbischer Frauen am 8. Juni 1988. SAPMO BArch DY/31 703 Blatt 2 [=Gesprächsinformation Sillge-DFD 1988]

Programm des Sonntags-Clubs, Januar-März 1987. Bestand Archiv Schwules Museum, ohne Signatur [=Programm Sonntags-Club Jan./März 1987]

Programm des Sonntags-Clubs, 2. Halbjahr 1987. Bestand Archiv Schwules Museum, ohne Signatur [=Programm Sonntags-Club 2. Halbjahr 1987]

Programm des Sonntags-Clubs,1. Halbjahr 1988. Bestand Archiv Schwules Museum, ohne Signatur [=Programm Sonntags-Club 1. Halbjahr 1988]

Programm des Sonntags-Clubs,2. Halbjahr 1988. Bestand Archiv Schwules Museum, ohne Signatur [=Programm Sonntags-Club 2. Halbjahr 1988]

Programm des Sonntags-Clubs, 1. Halbjahr 1989. Bestand Archiv Schwules Museum Berlin, ohne Signatur [=Programm Sonntags- Club 1. Halbjahr 1989]

Programm des Sonntags-Clubs, 2. Halbjahr 1989. Bestand Archiv Schwules Museum Berlin, ohne Signatur [=Programm Sonntags- Club 2. Halbjahr 1989]

Protokoll der Klubratssitzung des Sonntags-Clubs am 26.7.1988. In: Robert-Havemann-Gesellschaft/Archiv Grauzone, unerschlossener Bestand. [=Protokoll S-C vom 26.7.1988]

Protokoll über ein Gespräch beim Ministerrat am 20.9.1979 zu den Eingaben „Sozialistische Freizeitgestaltung einer Minderheit" vom 22.10.1978, 23.2.1979 und 9.6.1979, in denen der Umgang der Staatsmacht mit Schwulen und Lesben kritisiert wurde. In: Sillge 1991, S. 125 f. [=Protokoll Gespräch beim Ministerrat 1979]

Protokoll der Klubratssitzung des Sonntags-Club vom 26.7.1988. Bestand Archiv Schwules Museum Berlin, ohne Signatur [=Klubratssitzung 26.7.88]

Satzung zur Vertretung der Interessen und zur Integration homosexueller Bürger. Anhang zum Schreiben vom 30.4.1986 von Ursula Sillge an das Ministerium des Inneren. In: SAPMO.BArch Do 4-82. 9 Blatt. [=Satzungsentwurf Komitee 1986].

Schreiben von Ursula Sillge an Generalleutnant Werner Reuther, Stellvertreter des Ministeriums des Innern und Leiter der Politischen Verwaltung des MdI. Berlin, 30.4.1986. In: SAPMO.BArch Do 4-82. Blatt 2-5a [=Schreiben Sillge MdI 1986]

Schreiben des Ministeriums des Innern an den Staatssekretär für Kirchenfragen. Berlin 20.6.1986. In: SAPMO.BArch Do 4-821, Blatt 1. [=Schreiben MdI an den Staatssekretär für Kirchenfragen 1986]

M. S.: Protokoll zur Zusammenkunft der Interessengruppe Theorie am 18.6.88 Bestand Archiv Schwules Museum Berlin, ohne Signatur [=Protokoll IGT 1988]

Ursula Sillge, G. M.: Schreiben des Sonntags-Clubs an den DFD vom 2.3.1988. In: SAPMO BArch DY/31 703 Blatt 1 [=Brief Sillge DFD 1988]

Arbeitsgemeinschaft Homosexualität „Courage“

Arbeitsgemeinschaft Homosexualität „Courage“: Die Einschätzung des Beitrages der Arbeitsgemeinschaft Homosexualität „Courage“ zum Pfingsttreffen der Freien Deutschen Jugend in Berlin 1989. Bestand Archiv Schwules Museum. Berlin, ohne Signatur [=Einschätzung 1989]

Brief M. Sch. (RosaLinde Leipzig) an C. Sh. vom 29.5.88. Bestand Archiv Schwules Museum Berlin, ohne Signatur. [=Brief Sch.-Sh. 1988]

Beschlussprotokoll der Leitungssitzung Arbeitsgemeinschaft Courage vom 23.6.89. Bestand Archiv Schwules Museum Berlin, ohne Signatur. [=Beschlussprotokoll 23.6.89]

Beschlussprotokoll der Leitungssitzung der Arbeitsgemeinschaft Homosexualität „Courage“ vom 24.8.89. Bestand Archiv Schwules Museum Berlin, ohne Signatur [=Beschlussprotokoll Courage 24.8.89]

Info-Blatt der Arbeitsgemeinschaft Homosexualität „Courage“ Pfingsten 1989. Bestand Archiv Schwules Museum Berlin, ohne Signatur [=Infoblatt Courage Pfingsten 1989]

Infoblatt und Programm der Arbeitsgemeinschaft „Courage" Nr. 5, Sept. 1989. „Wiener Würstchen und Walzer." Bericht von der 11. Jahreskonferenz der ILGA in Wien am 16.-22.Juli 1989. Bestand Archiv Schwules Museum Berlin, ohne Signatur [=Infoblatt Courage September 1989]

Jahresbericht der Arbeitsgemeinschaft Homosexualität „Courage" 1989, Berlin 1990. Bestand Archiv Schwules Museum Berlin, ohne Signatur [=Jahresbericht Courage 1989]

Programm Arbeitsgemeinschaft Homosexualität „Courage" von März-Juni 1989. Bestand Archiv Schwules Museum Berlin, ohne Signatur [=Programm Courage März/Juni 1989]

Protokolle Forum Homosexualität und Gesellschaft vom 14.1., 18.3. und 27.5.1989. Bestand Archiv Schwules Museum Berlin, ohne Signatur [=Protokolle Forum Homosexualität und Gesellschaft 1989]

Rahmenvereinbarung zwischen dem Jugendklub Wilhelm-Pieck-Straße 153 und der Arbeitsgemeinschaft Homosexualität „Courage" 1989. Bestand Archiv Schwules Museum Berlin, ohne Signatur [=Rahmenvereinbarung 1989]

Arbeitskreis Homosexuelle Selbsthilfe – Lesben in der Kirche

Arbeitskreis Homosexuelle Selbsthilfe – Lesben in der Kirche: Einladung zum „Frauentag von unten". Ohne Jahr. In: Bestand Archiv Schwules Museum Berlin, ohne Signatur. [=Einladung Frauentag]

G. B., M. K.: Lesben in der Kirche. Arbeitspapier des Arbeitskreises „homosexuelle Selbsthilfe Berlin" vom November1983. In: Kenawi 2003, S. 12-26 [=Arbeitspapier Lesben in der Kirche 1983]

Frauen in der Kirche. Arbeitskreis homosexuelle Selbsthilfe Berlin: Veranstaltungsplan Oktober-Dezember 1983. In: Kenawi 2003, S. 95f. [=Veranstaltungsplan Frauen AK 10.-12.1983]

Gruppenvorstellung: Berlin. In: frauAnders Nr.2/89, S. 4-5 [=Gruppenvorstellung Berlin 1989]

Ramona Dreßler/Arbeitskreis Homosexuelle Selbsthilfe Berlin, Lesben in der Kirche: Schreiben an den Gemeindekirchenrat der Gethsemane-Gemeinde vom 18.4.1983. In: Kenawi 2003, S. 52-54 [=Dreßler, Schreiben 18.4.1984]

Samira Kenawi: Zeigen wir uns, damit man uns nicht verleugnen kann! Die „Lesben in der Kirche" Berlin (Quellensammlung). Berlin 2003 [=Kenawi 2003]

Programm Arbeitskreis Homosexuelle Selbsthilfe für Frauen in der Berliner Gethsemanegemeinde - Lesben in der Kirche I. Halbjahr 1989. In: Kenawi 2003, S. 108 [=Programm Lesben in der Kirche I. Halbjahr 1989]

Zeitungsartikel

Lykke Aresin: Homosexuell sein – was bedeutet das? In: neues leben 11/1987, S. 56-59 [=Aresin 1987]

Kurt Bach: 1. Dokumentarfilm der DEFA (DDR) über Homosexuelle: Die andere Liebe. In: Dorn Rosa, Hamburg 1989, Nr. 18, S. 33. [=Bach 1989]

Kurt Bach: Wie helfen, ohne zu schaden? In: Für Dich, Berlin (DDR) 1984, Nr. 14, S. 41 [=Bach 1984]

Stefan Berg: Das Gespräch mit Homosexuellen suchen! Informationen über die Arbeit eines Arbeitskreises Homosexualität. In: Grau 1990, S. 31-52 [=Berg 1990]

Ute Bertrand, Ulrike Helwerth, Helga Lukoschat: Da haben wir schon mal Zähne gezeigt. Glasnost in den DDR-Medien. In: die tageszeitung, 25.11.1989, S. 14. [=Bertrand 1989]

Karlheinz Blaschke: Homosexualität als sozial-kulturelles Problem in biblischer Sicht. In: Die Kirche, Evangelische Wochenzeitung, Berlin 24.3.1985 [=Blaschke 1985]

Manfred Gebhardt: Andere Liebe - andere Lust. Über Mathilde Franziska Anneke. In: Das Magazin 3/1988, Jahrgang 35, S. 46f. [=Gebhardt 1988]

Günther Grau, Erwin Günther: Homosexualität. Wochenpost-Gespräch zu einem sensiblen Thema. In: Wochenpost, Heft 44, 1987, S. 16-17 [=Grau 1987]

Detlef Grumbach: Urteil zu § 151. Freispruch mit grundsätzlicher Bedeutung. In: Dorn Rosa, Hamburg 1988, Nr. 13, S. 11. [=Grumbach 1988a]

Detlev Grumbach: Der Begriff „homosexuell“ kommt im Strafrecht nicht mehr vor. DDR schafft Homosexuellen-Paragraphen ab! In: Dorn Rosa, Hamburg 1989, Nr. 17, S. 7 [=Grumbach 1989]

Detlef Grumbach, Günter Grau: „Aktenvermerk: ‚Homosexuell'“. In: magnus 2/1994, S. 11. [=Grumbach/Grau 1994]

Ursula Hafranke: Unsere aktuelle Umfrage: Ungestraft anders? Der verstossene Mensch. [Teil 1 der Serie]. In: Das Magazin 1/1989, S. 42-46. [=Hafranke 1989]

Ursula Hafranke: Unsere aktuelle Umfrage: Ungestraft anders? Die versteckte Erotik. [Teil 2 der Serie]. In: Das Magazin 2/1989, S. 24-29 [=Hafranke 1989a]

Ursula Hafranke: Unsere aktuelle Umfrage: Ungestraft anders? Liebe ohne Partner? [Teil 3 der Serie]. In: Das Magazin 5/1989, S. 44-49. [=Hafranke 1989b]

Ulrike Helwerth: Wenn Mutti früh zur Arbeit geht... In: die tageszeitung, Berlin/West 10.11.1989, S. 16 [=Helwerth 1989]

Viola Heß: Beglückend alltäglich, diese Professorin. Ansporn und Anspruch einer Wissenschaftlerin. In: Von Jahr zu Jahr (Jahrbuch der „Für Dich“) 1989. Leipzig 1989, S. 7-9 [=Heß 1989]

Erich Honecker: Dank und Anerkennung allen Frauen und Mädchen der DDR. Grußadresse des Zentralkomitees der SED zum Internationalen Frauentag. Neues Deutschland, 8. März 1979. In: Kirchner 1980, S. 95f. [=ND 8.3.79]

Erich Honecker: Grußwort des Zentralkomitees der SED an die Frauen und Mädchen der DDR. In: Neues Deutschland, 8. März 1989, o.S. [=ND 8.3.89]

HuK-Info, Berlin/West 1989, Nr. 76/77, S. 26 f. [=HuK-Info 1989]

Carola Huth: „Couragierter ‚Courage'“. Homosexualität im Alltag gesetzlich erlaubt, aber dennoch oft diskriminiert. In: Tribüne, 31.1.90 [=Huth 1.3.90]

Heinrich Iden: Genosse Homosexueller. Staatliches „coming out“ zum Thema Homosexualität in der DDR. In: Zitty 20/1987, [Berlin/West] S. 30-31 [=Iden 1987]

Gisela Kopfe: Wo guter Rat nicht teuer ist. In: Von Jahr zu Jahr. Jahrbuch der „Für Dich“ 1987, S. 30-32 [=Kopfe 1987]

Marina Krug, Katrin Düsterdick, Sylvia Schauecker: Sauer. In: die tageszeitung, Berlin/West, 18.7.1988. [=Krug 1988]

Klaus Laabs: In eigener Sache, maskiert. In: Freitag 39, 29.9.2006, S. 17 [=Laabs 2006]

Lambda Nachrichten, Wien 1985, Nr. 3, S. 32 [=Lambda Nachrichten 1985]

Madeleine Marti: Interview mit Christa Reinig. In: Lesbenfront, Zürich 1983, Nr. 17, S. 27 ff. [=Marti 1983]

Sigrid Mielke: Homosexualität: das Interview [mit Prof. Dr. Reiner Werner, S.K.]. – In: Deine Gesundheit. 4/1987. – S. 122-124. [=Mielke 1987]

Hiltrud Noll: Lesben im Umfeld Kirche. Akademietagung in Halle an der Saale. In: HuK-Info Berlin (West), Januar/Februar 1990, S.9-12 [=HuK-Info 1990]

Ohne Autor/in: Vor 70 Jahren wurde der Internationale Frauentag proklamiert. Erinnerungen aus 8 Jahrzehnten. Gedanken der Arbeiterveteranin Roberta Gropper. Berliner Zeitung, 1.3.1980 [=Berliner Zeitung 1.3.1980]

Ohne Autor/in: Liebe zum gleichen Geschlecht – ein Makel? In: Leipziger Volkszeitung, Leipzig 24./25.9.1983, S. 12 [=LVZ 1983]

Ohne Autor/in: DDR: Abschied vom Puritanismus? Ein Interview mit der DDR-Schriftstellerin Waldtraut Lewin. In: Forum Homosexualität und Literatur, Siegen 1987, Nr. 2, S. 109-116) [=Lewin 1987]

Ohne Autor/in:Schwulen- und Lesbengruppe „Sonntagsclub“ Berlin Hauptstadt. In: Dorn Rosa, Hamburg 1988, Nr. 13, S.14 [=Dorn Rosa Juni 1988]

Ohne Autor/in: Die FDJ vertritt auch unsere Interessen. In: Junge Welt, Heft 7.6.1989, o. S. [=Junge Welt 7.6.1989]

Ohne Autor/in: Osteuropa. Ist ein Traum, kann nicht wirklich sein. In: Lambda Nachrichten (Wien) 3/1989, S.52-54 [=Lambda 1989]

Susanne Statkowa: Historisches zum 8. März. Kein Rückzug der Frauen. In: Berliner Zeitung, 9.3.1980, ohne Seite. [=Statkowa 1980]

Jutta Resch-Treuwerth: Verständnis und Achtung gegen das Gerede setzen. In: Junge Welt, Berlin/DDR, 2.6.1982 [=Resch-Treuwerth 1982]

Hans Szewczyk Die Entwicklung des Sexualverhaltens. In: Deine Gesundheit 12/83, S. 356-359 [=Szewczyk 1983]

Bert Thinius: Leben ohne Maske? Brief an einen unsichtbaren Schwulen. In: Das Magazin 12/89, S. 57-60. [=Thinius 1989]

Gisela Ulrich: Und nach der Arbeit? Junge Mädchen und Frauen in der Freizeit. In: Von Jahr zu Jahr (Jahrbuch der „Für Dich) 1987, Leipzig 1987, S. 40 f. [=Ulrich 1987]

Anita Weissbach-Rieger: Partnerschaft. In: Deine Gesundheit 12/83, S. 360-363 [=Weissbach-Rieger 1983]

Wissenschaftliche Tagung über Homosexualität. In: Neues Deutschland, Berlin/DDR 29.-30.6.1985, S.5 [=ND 29./30.6.1985]

Sabine Zurmühl: Lesbenalltag in der DDR: „Freundin sucht Brieffreundin." In: Courage, Berlin/West 1978, Nr. 5, S. 22 f. [=Zurmühl 1978]

Quellen aus dem Bereich des Ministeriums für Staatssicherheit

Beobachtung des Besuchs der Gruppe „Lesben in der Kirche" im ehemaligen Konzentrationslager Ravensbrück am 20.4.1985. In: MfS HA VIII 2777 [=Beobachtung MfS LiK 20.4.1985]

Beratungsnotiz Generalleutnant M. vom 20.3.1985 zur Homosexuellen-Organisation in der DDR. In: MfS JHS 20633 [=MfS zu Homosexuellenorganisation 1985]

Bericht von der geplanten Kranzniederlegung in den ehem. KZ Buchenwald und Sachsenhausen am 30.6.1984 durch Zusammenschlüsse homosexueller Personen. In: MfS-HA XX/4 [=Bericht MfS KZ 30.6.1984]

Information zu inhaltlichen Auseinandersetzungen innerhalb der AG Courage, 1989. In: BStU 000048 [=Information zu Auseinandersetzungen in der Courage 1989]

Informationen zu Aktivitäten der Arbeitsgemeinschaft Courage im Rahmen des Pfingsttreffens 1989. In: BStU 000064 [=Informationen zu Aktivitäten der Courage beim Pfingsttreffen 1989]

Information zur Arbeitsgemeinschaft Homosexualität Courage. In: BStU 000076 [=Information Courage 1989]

Notiz Leipziger Volkszeitung. 20.3.1985. In: MfS JHS 20633, S. 181 [=LVZ MfS 1985]

Operative Information zur Arbeitsgemeinschaft Homosexualität Courage bezüglich deren Aktivitäten zum Pfingsttreffen. 1989. In: BStU 000061 [=Operative Information Courage zum Pfingsttreffen 1989]

Papier zu Hetzkampagnen gegen die sozialistischen Länder, ca. 1984. In: MfS-HA XVIII Nr 15320/BStU 000044 [=Hetzkampagnen 1984]

Schreiben von „Genosse Schulz" über den Besuch der NMG Ravensbrück des AK Homosexuelle Selbsthilfe Berlin – Lesben in der Kirche, 13.3.1984. In: BStU 000005 [=Schreiben MfS LiK 1984]

Sonntags-Club. In: MfS ZAIG Z 3668 April 1988 [=Sonntags-Club MfS 1988]

Verwendete Archivkürzel

BstU:	Akten aus dem Bestand der Bundesbeauftragten für die Unterlagen des Staatssicherheitsdienstes der ehemaligen Deutschen Demokratischen Republik
RHG/GZ:	Bestände des Archivs „Grauzone" zur unabhängigen Frauenbewegung der DDR bei der Robert-Havemann-Gesellschaft
SAPMO.BArch:	Unterlagen aus der Stiftung Archiv der Parteien und Massenorganisationen der DDR im Bundesarchiv Berlin-Lichterfelde

Zeitfracht Medien GmbH
Ferdinand-Jühlke-Straße 7
99095 Erfurt, Deutschland
produktsicherheit@kolibri360.de